L'HERPÈS

Dr Oscar Gillespie

L'HERPÈS

comment l'éviter sinon comment mieux vivre avec...

Traduit de l'américain par
Jean-Claude Poupard

MONTRÉAL - PARIS

Cet ouvrage a été publié sous le titre original de HERPES What to do when you have it, chez GROSSET & DUNLAP, New York.

ISBN 2-7604-0193-6

Dépôt légal : 1er trimestre 1983

Imprimé au Canada

TABLE DES MATIÈRES

Préface

La publication de ce livre était une nécessité ; en effet, la grande notoriété de cette affliction appelée « herpès » a, en quelque sorte, créé une espèce de névrose universelle et collective nord-américaine (et bientôt européenne). On a dit : « trop peu de connaissance constitue un danger » ; ce petit livre sera pour le lecteur une lumière chassant l'ignorance qui engendre la crainte et l'anxiété. Quoi qu'il en soit, il faudrait peut-être revenir à l'ancienne terminologie, laisser tomber le nom « herpès » et le remplacer par l'appellation d'antan : « feu sauvage » ou « bouton de fièvre ».

L'avènement de cette pseudo-épidémie de feux sauvages a provoqué un grand essor de la recherche médicale antivirale. La production de l'*acyclovir* n'a peut-être pas résolu les problèmes posés par le virus de l'herpès ; mais, à cause de son mode d'action pharmacologique (il ne pénètre que les cellules infectées), ce médicament va probablement faciliter la compréhension d'autres maladies. Imaginons un médicament qui pourrait, par exemple, pénétrer et détruire les cellules cancéreuses et non les cellules saines...

J'espère que la lecture de ce livre fera comprendre à ceux qui sont affligés de feux sauvages à répétition que leur problème est relativement minime et ne devrait pas les préoccuper outre mesure. J'espère aussi que les médias réaliseront éventuellement qu'il est inutile d'alarmer la population quand, en même temps, on ne peut pas offrir de solution !

Dr J.T. ARSENAULT

Introduction

Plus que tout autre problème médical, l'herpès est une maladie fréquemment occultée par de nombreux mythes, une information erronée et des connotations émotives tenaces. On peut à juste titre s'inquiéter sérieusement d'une maladie quasi incurable et qui peut réapparaître longtemps après qu'on l'ait contractée — même si le plus souvent, les symptômes physiques sont relativement bénins. Car, bien que ces symptômes affectent habituellement les organes génitaux externes, la peur qu'ils provoquent ne concerne pas le seul corps physique, mais également la sexualité — et particulièrement, l'image de soi et l'image perçue par le partenaire sexuel.

Jusqu'à tout récemment, à cause du manque d'information et de l'incurabilité de l'herpès, nombre de gens atteints par le virus, ou bien ignoraient ce fait, ou bien le dissimulaient. La propagation de l'herpès parmi la population relevait indubitablement, en grande partie, de l'ignorance du phénomène. Quant à ceux qui préféraient le silence, le lourd secret qui les torturait devait avoir, on peut aisément l'imaginer, certaines conséquences non négligeables sur leurs relations interpersonnelles. Un petit nombre de victimes heureusement bien informées, purent malgré tout résoudre les problèmes soulevés par l'herpès.

Ce livre tente de faire le point au sujet de l'herpès — en particulier, en ce qui concerne les traitements possibles et les implications sur le plan émotif. Les renseignements qu'il contient fourniront à quiconque les moyens de résoudre effectivement les problèmes reliés à l'herpès — qu'on en soit déjà affecté, qu'on risque de l'être, ou qu'on soit impliqué, de quelque manière que ce soit, avec une de ses victimes. Le but de cet ouvrage : permettre d'éviter — ou à tout le moins, réduire considérablement — les pièges et les syndromes imputables à l'herpès, et ce quels qu'ils soient. Ainsi, chacun pourra « vivre sa vie », et « jouir » de ses relations interpersonnelles avec le maximum de liberté.

De nos jours, les gens essaient moins de dissimuler les frustrations reliées à une éventuelle interruption de leur vie intime et sexuelle ; ils sont en outre mieux préparés à se renseigner activement sur tout ce qui pourrait affecter leur bien-être. Fort heureusement, cette bénéfique révolution ne s'est pas cantonnée au phénomène de l'herpès ; elle a en outre largement contribué à attirer l'attention, tant des médecins que du public, sur cette maladie.

On doit en partie ce changement d'attitude à l'explication plus franche de la sexualité (au cours des deux dernières décennies), et en partie à la réévaluation des critères importants, nécessaires à une existence libre, bien remplie et saine. Une existence saine n'implique pas uniquement l'absence de symptômes pathologiques, elle signifie également le bien-être sur les plans émotif et social. De bonnes relations interpersonnelles constituent un des facteurs de bien-être les plus importants ; à ce titre, on doit leur porter une attention aussi grande que celle qu'on prête aux symptômes physiques. Toute maladie qui, pour quelque raison que ce soit, interdit, même temporairement, la possibilité d'une intimité avec un autre être humain est, sans conteste, une maladie sérieuse. Ainsi, on commence à reconnaître l'herpès comme une maladie affectant la *qualité de la vie* — c'est là, dieu merci, un grand pas en avant.

L'évaluation plus honnête du rôle de la sexualité a entraîné en outre d'autres conséquences. Ainsi, une brèche est apparue dans l'édifice des hontes reliées aux problèmes et aux maladies sexuels, brèche qui a encouragé les gens à chercher de l'aide, en cas d'anomalie. Toutefois, le tabou rattaché aux maladies sexuelles est encore bien enraciné ; le remède contre l'herpès n'existant toujours pas, on continue de fustiger cette maladie, « celle qu'il faut éviter à tout prix », « la pire de toutes ». Encore une fois, c'est le manque de connaissance et de compréhension du problème qui a engendré de telles sentences.

Les médias ont joué ici un rôle de pointe, en offrant au problème de l'herpès contemporain une certaine consécration. Ils ont largement favorisé la prise en considération des implications du problème par les médecins, les chercheurs et le grand public, rendant par là un excellent service à la collectivité. Pourtant, les résultats furent bien vite annihilés par un sensationnalisme propre à inspirer une profonde terreur, tant aux victimes de l'herpès qu'à ceux qui les fréquentaient. Certains articles, caractérisés par une information partielle, sinon partiale, et rédigés dans un but mercantile, ont entraîné autant d'irrationalité au sujet de l'herpès que l'avait fait, par le passé, le manque de connaissance et de compréhension du problème. Un faible pourcentage d'hommes et de femmes ont effectivement affronté de sérieuses difficultés, après avoir contracté l'herpès, et ce jusqu'à ce que la maladie atteigne son apogée. La persistance de ces difficultés dans un nombre encore trop élevé de cas exige une information présentée de manière réaliste, dans une perspective thérapeutique.

Nombre de gens peuvent lire les publications scientifiques, quelques-uns sont capables d'en interpréter le contenu, mais bien peu ont la faculté de présenter les données au public, en termes simplement humains et dans une optique thérapeutique. Ce livre témoigne autant de l'aspect scientifique du problème que de l'expérience des hommes et des femmes venus nous consulter (ou qui sont allés au Centre *HELP* de New York) pour obtenir explications et aide, après avoir contracté l'herpès.

Le Centre *HELP* est chargé de l'application locale d'un programme national mis sur pied par l'*A.S.H.A. (American Social Health Association),* une organisation privée qui s'est donné pour but le contrôle des maladies transmissibles sexuellement. Constatant le manque de services d'information et de consultation affectant l'herpès, l'*A.S.H.A.* créa le *Herpes Resource Center (H.R.S.),* dont le but principal est d'attirer l'attention de la médecine et de la recherche sur ce problème. Sur ce point, le succès est total. Mobiliser l'attention de la communauté locale, et faciliter son implication face aux aspects humains de l'herpès, constitue un autre des buts du *H.R.S.*

Épaulés par de nombreux pionniers talentueux et dévoués, nous avons dirigé, à New York, l'offensive contre les remparts nébuleux entourant l'herpès. Nous mîmes sur pied, seuls, une infrastructure destinée à fournir des renseignements, et au besoin de l'aide, ainsi qu'une tribune permettant aux gens de partager leurs préoccupations et d'extérioriser leurs frustrations. Nous organisâmes des groupes de discussion, dans le but d'aider les victimes de l'herpès à résoudre les problèmes émotifs ou relationnels dans lesquels les avait plongés le climat de confusion et d'égarement enveloppant l'herpès. Nous constatâmes à quel point les gens pouvaient, avec un minimum d'aide, surmonter les difficultés et finalement les résoudre. Ces activités, qui se déroulent en de nombreux endroits des États-Unis, montrent clairement que, en dépit d'une apparente invincibilité de l'herpès, on peut malgré tout bien souvent le combattre. Ce n'est tout simplement qu'un autre problème à résoudre et, pour la grande majorité des gens, un problème relativement facile ; nous avons pu voir plusieurs centaines d'hommes et de femmes y parvenir aisément. Si le lecteur lui-même pouvait résoudre plus facilement ses propres problèmes, ce livre aurait alors atteint son but. Et pourquoi le manquerait-il donc ?...

Chapitre I

Le virus

L'herpès n'a rien de nouveau. Ceux qui le contractent ont rarement à craindre pour leur vie, au sens physique et, sous bien des aspects, les perturbations ne sont pas si graves qu'on le croit généralement. Par le fait même, mais également parce que c'est une maladie transmissible sexuellement, on a jusqu'à tout récemment détourné de l'herpès l'attention du public. Et pourtant, c'est uniquement par l'accès à une information juste et scientifique que seront résolus les problèmes relatifs à la prévention et que cesseront la confusion et la peur.

Les deux types d'herpès

L'herpès est une infection virale qui provoque une éruption sur la peau ou les muqueuses. La forme la plus répandue — qui affecte, à divers moments de leur vie, environ 90 p. cent des habitants des États-Unis — est le

« feu sauvage » ou « bouton de fièvre » qui apparaît sur les lèvres ou à l'intérieur de la bouche. Les infections situées sur les organes génitaux (ou autour) sont moins communes, mais cependant assez répandues. C'est l'*herpesvirus hominis* de *type I* qui provoque les lésions au visage, alors que l'*herpesvirus hominis* de *type 2* entraîne l'herpès génital. À strictement parler, le virus de *type I* peut se manifester sur les organes génitaux, et celui de *type 2* sur le visage, si bien que, et pour cette raison, l'un et l'autre peuvent infecter n'importe quelle partie du corps. Bien que, biologiquement, on puisse distinguer ces deux types de virus, l'effet sur le corps est à tous égards identique. Seul, le site est différent.

Transmission

On contracte, à l'origine, l'une ou l'autre des deux formes d'herpès par le contact physique direct avec la plaie infectée d'une autre personne. La première forme est transmise le plus souvent par un baiser : les enfants contractent parfois des infections de cette sorte sur la bouche, le visage ou les yeux, infections transmises par le baiser bien intentionné, bien appliqué, mais excessivement virulent d'un porteur de feu sauvage en activité. On contracte en général l'herpès génital au cours de rapports sexuels avec un partenaire atteint d'une infection génitale active. C'est pour cela qu'on classe l'herpès parmi les maladies vénériennes — ou, plus exactement, comme maladie transmise sexuellement.

Il ne faut pas perdre de vue deux aspects particulièrement importants : tout d'abord, la transmission ne peut avoir lieu que lorsque le virus entre directement en contact avec les muqueuses ou des écorchures de la peau, ensuite, c'est uniquement la partie du corps qui entre en contact avec le virus qui est infectée. En d'autres termes, l'infection est extrêmement limitée. Certaines personnes contractent un panaris au doigt, après avoir touché une plaie herpétique. Les lutteurs et les joueurs de rugby sont parfois victimes d'infections au cou, aux bras, ou à diverses autres parties du corps, infections assez justement nommées « herpès du gladiateur » *(herpes gladiatorum).*

Le virus étant transmis par contact physique direct, on peut le transférer à une autre partie du corps par auto-inoculation — le fait de toucher une plaie active et de faire circuler le virus. Bien que cela se produise rarement, il ne faut pas oublier que les doigts et les yeux sont particulièrement vulnérables à l'auto-inoculation, notamment pendant une primo-infection (infection qui se produit pour la première fois) — ce terme étant opposé à « récurrence » qui, comme son nom l'indique, signifie « réactivation de l'infection originelle ».

On ne contracte pas « tout simplement » l'herpès : même si une infection semble apparaître à l'improviste, elle provient toujours, soit d'une autre personne, soit de l'auto-inoculation.

Quelquefois, celui qui contracte l'herpès se demande comment cela a bien pu se produire : une infection génitale surgit apparemment du néant, pas plus reliée à un partenaire sexuel au passé herpétique « vierge » qu'à aucun contact intime avec un herpétique avoué. Ce genre de situation, on l'imagine aisément, risque d'entraîner nombre de frustrations et de problèmes divers entre deux partenaires.

À cela, on peut proposer deux explications. La première relève du mode de transmission du virus : ainsi, on peut parfois retrouver l'origine d'une infection génitale dans un bouton de fièvre. Un partenaire **A,** affligé de ce feu sauvage, peut transmettre le virus à un partenaire **B,** soit par caresse bucco-génitale, soit par caresse manuelle, après qu'il ait touché de la main sa propre plaie. Le partenaire **B** peut alors contaminer en retour le partenaire **A,** au cours d'un rapport sexuel. D'après les résultats des études concernant les infections dues au virus de *type I,* il ressort que, dans 10 à 16 p. cent des cas, on contracte vraisemblablement de cette manière les infections génitales.

La deuxième explication relève, quant à elle, du degré de gravité de l'infection chez le porteur. Il se peut que, après un contact avec une plaie herpétique, certaines personnes manifestent si peu de symptômes physiques (ou diverses autres perturbations) qu'elles ne réalisent pas qu'elles sont contaminées. C'est ce qu'on appelle une infection inapparente ou infraclinique. Il peut n'y avoir aucun symptôme évident pendant très longtemps — parfois même, il n'y en aura jamais — et pourtant le virus est effectivement présent dans le corps de ces personnes. Toutefois, dans certaines circonstances particulières (que nous étudierons plus en détail aux chapitres 4, 8 et 9), une éruption superficielle peut survenir, apparemment reliée à une cause mystérieuse. C'est alors que la transmission à un partenaire peut se produire. On appelle donc une telle éruption « récurrence », puisqu'une infection originelle a effectivement eu lieu auparavant, même si on ignore exactement à quel moment. Pourquoi cela peut-il se produire ? C'est ce que nous allons tenter de clarifier dans la partie suivante, avec l'étude des symptômes et de l'évolution des infections herpétiques.

Ce qu'il faut retenir
- L'herpès est une infection virale qui provoque une éruption sur le corps.
- L'herpès est extrêmement contagieux. La contamination s'effectue par contact physique direct (sexuel ou autre).
- La seule proximité d'un herpétique ne suffit pas à assurer la contamination par l'un ou l'autre des deux virus responsables (l'*herpesvirus hominis de type I* et l'*herpesvirus hominis de type 2*). C'est par l'intermédiaire des muqueuses ou d'écorchures de la peau que les virus atteignent l'organisme.

Symptômes et évolution des infections herpétiques

L'herpès génital apparaît généralement de deux à vingt jours après un contact. Un médecin expérimenté identifie assez facilement l'éruption qui s'ensuit. Mais il faut éviter tout autant l'autodiagnostic que la consultation d'un ami (sauf si celui-ci se borne à conseiller vivement la recherche d'un diagnostic éclairé !). On peut en effet croire à la contamination, alors qu'il s'agit en fait de tout autre chose. D'autres raisons, et non des moindres, incitent à rejeter l'autodiagnostic (il en sera d'ailleurs question au chapitre 5).

L'infection se caractérise par une éruption formée de taches rouges entourant des grappes de vésicules transparentes. L'herpès génital apparaît d'ordinaire sur le pénis et dans le vagin, ou sur les régions voisines. Des lésions internes dues aux primo-infections peuvent également survenir dans la bouche, l'anus, le vagin, et le col de l'utérus, ou dans n'importe quel autre site de pénétration du virus.

Souvent, en partie ou en totalité, les symptômes suivants accompagnent l'éruption : douleur et gêne dans la zone atteinte, fièvre et maux de tête. Fréquemment, la miction est douloureuse ou brûlante, ainsi que la tuméfaction des ganglions de l'aine. Chez la femme, des pertes vaginales légères peuvent se produire.

La gravité de chacun des symptômes — ou de l'accès d'herpès global — dépend de plusieurs facteurs, dont la quantité de virus inoculée, la constitution de la victime et son état de santé général au moment où l'infection se déclare. Le désagrément et la souffrance peuvent varier considérablement, selon qu'il s'agit d'une infection infraclinique — probablement la plus répandue — que rien, ou presque, ne signale, ou d'un mal grave et durable (ou de tout autre degré intermédiaire de la maladie). On rencontre, à vrai dire, certains cas si graves que l'éruption envahit la région génitale tout entière, et que l'ampleur de la maladie exige l'hospitalisation du patient. Heureusement, de telles réactions ne se produisent qu'en cas de primo-infection. Dans la plupart des cas, de deux à trois semaines s'écoulent entre la première manifestation de l'éruption et la cicatrisation de la zone affectée. Il n'est pas inutile de souligner que les symptômes dus à une primo-infection sont invariablement beaucoup plus graves que ceux imputables à n'importe quel autre accès ultérieur.

Les virus utilisent les cellules du corps pour survivre et se reproduire. Quand le virus de l'herpès pénètre pour la première fois dans l'organisme, il se reproduit assez librement dans les cellules superficielles. Il peut proliférer vers les régions avoisinantes, grâce à l'humidité et à la friction (c'est pourquoi, on le verra plus loin, on demande à la victime de l'herpès de maintenir la zone affectée bien sèche, et *de ne pas se gratter*).

À moins d'avoir été déjà exposé à un virus donné, l'organisme est, pendant un certain temps, sans défense quand ce virus l'envahit ; il ne peut empêcher celui-ci de profiter de cette occasion unique. Il faut un certain temps à l'organisme pour qu'il élabore ses propres défenses, sous forme d'anticorps — qui attaquent et tuent le virus et les cellules qu'il a occupées. Pour un organisme normalement en bonne santé, ce processus opère avec une certaine efficacité. Mais pour un organisme « à plat », dont les ressources sont quelque peu épuisées, c'est une toute autre affaire. Une fois élaborés, les anticorps spécifiques demeurent en permanence dans le système. Mais, à sa première incursion dans le corps, un virus donné a le champ libre pour un certain laps de temps.

C'est pourquoi quiconque a été exposé à l'herpès doit absolument **consulter son médecin, dès qu'il constate les symptômes.** Les symptômes externes constituent certes un avertissement catégorique. Mais il ne faut cependant pas négliger les autres indices, comme les pertes vaginales ou la douleur et les brûlures survenant dans la région génitale ou pendant la miction. Il ne faut surtout pas attendre la disparition des symptômes — parce qu'elle se produira inévitablement ! Mais le virus, lui, sera toujours présent.

On établit un premier diagnostic après un examen visuel. Si aucun indice visuel n'existe, le médecin peut difficilement poursuivre un examen ordinaire, mais il peut vérifier avec certitude la présence de l'herpès grâce à l'analyse d'une culture virale. En cas de doute concernant les symptômes, il ne faut pas hésiter à suggérer cette épreuve au médecin.

Une analyse de sang — comme celles utilisées pour dépister la syphilis ou la gonorrhée — ne serait là d'aucune utilité car, tant que les anticorps spécifiques ne sont pas développés, on ne peut déceler aucun indice révélateur de l'herpès. Et même si, dans ce genre d'épreuve, des anticorps apparaissent, cela signifie simplement que l'organisme a été exposé à l'herpès à un quelconque instant du passé, mais absolument pas qu'une infection active a lieu au moment de l'analyse.

S'il est si important de prêter sans tarder attention aux symptômes, c'est que les traitements courants, administrés suffisamment tôt, peuvent efficacement prévenir la replication et la prolifération du virus. Quand on réduit au maximum, et en temps voulu, l'activité du virus, on peut éviter à l'organisme toute complication éventuelle. Quand les défenses du corps attaquent le virus, celui-ci peut se réfugier dans les cellules nerveuses (où il est à l'abri) et son existence entame alors une phase dite de « latence » (ou de « sommeil »). Le traitement s'efforce, autant que faire se peut, d'éliminer le virus avant que ce phénomène se produise.

Ce qu'il faut retenir
■ Une primo-infection herpétique peut produire un certain nombre d'effets, depuis les états infracliniques jusqu'aux symptômes graves et durables — le tout dépendant de divers facteurs, comme la quantité de virus

transmise, la constitution du sujet ré-
cepteur et son état de santé général.

■ Dans la plupart des cas, la première
éruption constituera la plus grave expérience de l'herpès, que certaines
précautions et des soins appropriés fe-
ront disparaître.

■ Il faut absolument éviter autant l'autodiagnostic que l'autotraitement et, finalement, exercer une surveillance
précoce.

Latence et récurrences

Si on peut difficilement guérir complètement
l'herpès, c'est que, malgré la disparition des symptômes et
la guérison de la zone affectée, le virus continue d'habiter
l'organisme, et ce de telle manière qu'il peut être réactivé
et provoquer une nouvelle éruption sur le corps. Après la
guérison, le virus pénètre dans les terminaisons nerveuses
proches du site de l'éruption originelle, s'éloignant ainsi de
l'épiderme ; cette migration lui permet d'échapper aux
défenses de l'organisme, lesquelles ne peuvent opérer que
dans les tissus autres que le tissu nerveux. Le virus de
l'herpès génital se déplace dans les neurones — ou cellules
nerveuses — jusqu'à ce qu'on appelle le ganglion sacré (un
ganglion étant un amas de corps cellulaires), situé juste à
l'extérieur de la moelle épinière ; là, le virus peut coexister
avec les cellules nerveuses, sans aucune difficulté manifeste. Il s'installe, bien heureux d'avoir pu échapper à la
destruction. On ne saurait mieux rendre compte de cette
phase que par les mots « sommeil » ou « hibernation ». En
ce qui concerne l'herpès labial, le même processus opère
dans les neurones qui forment le nerf trijumeau : le virus
est ainsi transporté jusque dans le ganglion de ce nerf,
situé à l'extérieur de la base du cerveau.

Ce virus « dormant » peut demeurer ainsi indéfiniment, sans provoquer ni dommages ni lésions infectieuses

à la surface du corps. En fait, quiconque coexiste plus ou moins harmonieusement avec le virus est à l'abri des effets de l'herpès, sous tous les aspects de son existence, y compris le problème de transmission. Le virus qui provoque les verrues, comme l'herpesvirus, demeure lui aussi dans l'organisme après la disparition des verrues. C'est pourquoi, dans cette situation, il n'y a aucune raison de s'alarmer.

Pour nombre de gens, l'état de latence est fondamentalement permanent, et aucun symptôme ultérieur n'est à craindre, sauf en cas de déséquilibre majeur entre l'organisme et le virus. Pour les autres, la « coexistence pacifique » est précaire, le virus faisant périodiquement en sens inverse le chemin qui le ramène à la surface du corps. Si une quantité suffisante de virus abandonne en toute sécurité les cellules nerveuses pour envahir un autre tissu, une nouvelle éruption investit avec plus de facilité la zone initiale. C'est alors le début d'une poussée récurrente (ou récidivante).

Les récurrences sont bien différentes des primo-infections, en ce sens que l'organisme dispose alors d'une réserve d'anticorps, prêts à attaquer de nouveau le virus lorsque celui-ci se risque hors de son repaire naturel. En général, on peut dire que les récurrences sont beaucoup moins graves que les primo-infections, et que leur importance décroît à chaque nouvel accès.

Les *patterns* de récurrence dépendent de nombreux facteurs et varient selon les individus. À en croire certaines statistiques, la manifestation moyenne des récurrences se situe entre trois et cinq éruptions annuelles (chacune ayant une durée de quatre à dix jours). Mais il ne faut pas oublier que cela peut varier considérablement suivant les cas : certaines personnes souffrent rarement de poussées d'herpès, alors que d'autres en sont assez régulièrement affligées. Le *pattern* de récurrence peut d'ailleurs varier énormément chez un même individu : par exemple, on peut constater une série d'éruptions se succédant à brefs intervalles, suivie d'une période vierge de toute éruption (des mois ou même des années). En général, si rien ne vient perturber l'équilibre entre l'organisme et le virus, la fréquence et la durée des éruptions iront en diminuant, et en quelques années, de moins en moins de symptômes se manifesteront.

Il est difficile de provoquer la conjoncture idéale, tant les facteurs qui contribuent aux poussées récurrentes et à leur guérison sont nombreux. La tâche du porteur consiste à tenter de maintenir le plus possible le virus dans sa phase de « sommeil ». Il est possible de grandement faciliter le processus d'adaptation de l'organisme, bien que cela prenne effectivement un certain temps : les chapitres traitant des récurrences et des problèmes personnels tenteront d'ailleurs d'expliquer comment cela est réalisable. Mais il est essentiel de ne pas oublier que seule une information adéquate — telle celle émanant de ce livre — permet d'atténuer les incertitudes, les craintes et les angoisses qui peuvent entraver ce processus d'adaptation. C'est alors que s'ouvrira la voie qui conduit à un juste équilibre et à un contrôle effectif du problème.

Ce qu'il faut retenir
- Après une primo-infection, l'herpesvirus échappe aux défenses de l'organisme et se réfugie dans les cellules nerveuses, loin de la surface du corps, pour entrer dans une phase de latence.
- Diverses perturbations peuvent réactiver le virus, qui réintègre alors le site originel de l'infection, causant ainsi une poussée récurrente.
- La gravité des récurrences diminue graduellement, surtout quand on peut identifier les facteurs qui entravent et ceux qui favorisent l'adaptation de l'organisme.

Chapitre II

Le soulagement de la douleur

La douleur et le désagrément que provoque l'herpès atteignent toujours leur degré maximum d'intensité, soit pendant la période d'adaptation immédiatement consécutive à une primo-infection, soit (en cas de récurrence) pendant les premières poussées récurrentes. Ce chapitre a deux objectifs : aider les victimes de l'herpès à surmonter toute forme de désagrément et, en même temps, suggérer diverses mesures, faciles à appliquer et qui favorisent l'acquisition d'un certain nombre d'habitudes bénéfiques pour l'avenir. Même si le malade souhaite une guérison immédiate, il ne doit pas perdre de vue pour autant qu'il travaille sur un processus d'adaptation, si bien que les perturbations et les désagréments imputables à l'herpès iront sans cesse en décroissant.

Pour la plupart des gens, le désagrément de l'herpès consiste plus en un ensemble de sensations agaçantes et gênantes qu'en une douleur vive et aiguë ; toutefois, cet inconfort peut atteindre parfois une intensité telle que certaines personnes sont obligées de rester chez elles — ce qui perturbe leur travail et leur vie sociale.

La victoire sur l'herpès est une question de temps et d'adaptation entre l'individu hôte et le virus. En général, le laps de temps requis est assez court, à moins qu'une complication physique particulière ou une déficience immunologique ne survienne — ce qui est rarement le cas pour la très grande majorité des infections herpétiques. Des centaines de personnes — à qui nous avons eu affaire — ont passé, pendant deux ans ou plus, le plus clair de leur temps à lutter avec le processus d'adaptation ; cependant, pour la plupart, le problème aurait pu être résolu en quelques mois, grâce à une information adéquate, à de bons conseils thérapeutiques et à une action judicieuse des victimes elles-mêmes.

Bien prendre soin de soi-même, autant physiquement que mentalement, et faire le maximum pour continuer à vivre plus intensément que jamais, voilà le secret — si cela est un secret ! La première étape consiste à tenter de soulager l'inconfort physique.

Tous les cas sont différents et les causes du désagrément sont multiples ; ainsi, chacun doit apprendre à identifier ses besoins particuliers et à composer avec eux.

Avant et pendant une poussée, l'activité du virus dans les cellules nerveuses engendre souvent des douleurs sourdes et énervantes dans toute la zone concernée. Ainsi, certaines victimes de l'herpès génital ressentent, soit une douleur difficilement localisable et semblable à celle provoquée par une déchirure musculaire dans une jambe, soit une certaine sensibilité à l'aine (en partie ou en totalité).

Le virus et/ou les défenses de l'organisme envahissent et tuent les cellules superficielles ; la désorganisation qui en résulte est à la base de la sensibilité et de la fragilité accrues du tissu impliqué. Une inflammation généralisée, accompagnée d'une sensation de chaleur, peut également survenir et donner l'impression de grippe dans une partie de la région pelvienne.

Pour certaines femmes, à cause du site de l'éruption, la miction s'accompagne de douleurs dardantes ou brûlantes. L'inflammation et la sensibilité généralisées peuvent occasionner, aussi bien chez l'homme que chez la femme, ce genre de douleurs pendant la miction ou la défécation.

Le combat acharné qui a lieu entre l'organisme et le virus engendre le même type de malaise général que celui dû aux autres infections.

Enfin, il faut bien comprendre également que l'anxiété et l'inquiétude accroissent directement la douleur physique.

Comment apaiser la douleur

Si la douleur est violente, le médecin peut prescrire, pour un temps limité, des analgésiques. Cela s'avère nécessaire uniquement pour certains cas de primo-infections. Normalement, on déconseille les analgésiques comme la codéine ou la mépéridine (*Démérol* ou *Dolosal*), à cause des effets secondaires indésirables qu'elles entraînent souvent — constipation ou rétention d'urine — et qui, à leur tour, augmentent l'inconfort. Des nausées peuvent aussi survenir, avec l'apaisement de la douleur. Sauf en cas de douleur extrêmement violente, il faut éviter les analgésiques stupéfiants qui, au lieu d'aider, nuisent à l'individu. En cas de nécessité, deux aspirines aux trois heures peuvent apporter un soulagement appréciable (quand on ne supporte pas l'aspirine, on peut utiliser l'acétaminophène — *Tylénol* ou *Doliprane*). Mais il faut se méfier des tentatives irraisonnées, il vaut mieux consulter un médecin avant d'essayer quoi que ce soit.

Voici quelques techniques de soulagement de l'inconfort dû à l'herpès génital, techniques d'ailleurs faciles à appliquer et efficaces une fois que chacun a trouvé celles qui lui convenaient.*

---

* Cf. « Le défi de la douleur », de R. Melzack et P.D. Wall, Chenelière & Stanké, Montréal, 1982.

- Appliquer des compresses chaudes sur la zone de l'éruption pendant quelques minutes, plusieurs fois par jour (évidemment, la température ne doit pas être telle que la compresse risque d'endommager la peau !).

- Pour nombre de gens, l'application de sacs de glace peut apporter soulagement et rafraîchissement.

- On peut aussi dessécher l'éruption et maintenir la zone affectée aussi propre que possible en prenant des bains, soit à la température du corps, soit additionnés de sels de bain (*Burows* ou *Epsom*), ce qui provoque un certain apaisement. Bien sûr, il ne faut pas abuser des bains, l'excès risquant d'entraîner un éclatement de la peau qui favoriserait la propagation du virus. Il vaut mieux se contenter d'un bain assez bref, suffisant pour apporter le soulagement et assécher doucement la zone de l'éruption. Il ne faut en aucune façon se priver des plaisirs de la natation : il n'y a aucun risque d'infecter qui que ce soit de cette manière. Il suffit de ne pas laisser traîner sa serviette de bain, et de bien dessécher la zone de l'infection. Quelques personnes obtiennent un certain soulagement en utilisant un séchoir à cheveux — réglé sur « tiède » — pas trop près de l'éruption !

- On peut tamponner avec de l'alcool, si l'éruption est externe. Cela soulage les démangeaisons et maintient la zone propre et sèche. Il ne faut pas oublier que le virus meurt en se desséchant. Pour un soulagement temporaire, on peut utiliser la *Xylocaïne* en topique, en vente chez n'importe quel pharmacien.

- En cas de lésions à l'intérieur du vagin, des douches à l'eau pure sont recommandées. Il faut par contre éviter les substances astringentes, comme le vinaigre ou les diverses préparations commerciales.

- Il est bon, pendant la miction, de protéger la zone de l'éruption, si celle-ci risque d'être affectée par l'écoulement d'urine. Afin d'atténuer l'acidité de l'urine, on recommande de boire abondamment.

- En cas d'écoulements utérins, il faut utiliser des serviettes périodiques, et les changer fréquemment. On peut sans crainte utiliser normalement ces serviettes pendant les règles.
- Il est recommandé de porter des vêtements lâches, la friction aggravant l'inconfort dû à l'herpès génital et retardant la guérison. Les « jeans » moulants sont totalement à proscrire. Si la friction devient problématique, les femmes obtiendront un soulagement considérable en portant des jupes larges au lieu de pantalons. Pour les sous-vêtements, il vaut mieux choisir le coton, le nylon étant plutôt nuisible. Toutes ces précautions seront peut-être désuètes quand l'herpès sera contrôlé, mais au début, il est préférable de tout mettre en œuvre pour assurer le maximum de confort. Pour soulager les problèmes de friction, on peut, après avoir nettoyé et desséché les éruptions externes, saupoudrer légèrement avec du talc (non parfumé, de préférence). Les frictions dues à une copulation frénétique ou à la masturbation contribuent elles aussi à l'inconfort et retardent la guérison. Tant que la zone n'est pas complètement guérie, la plus grande prudence est de mise. Irriter la peau dans la zone affectée oblige à reprendre sans cesse le processus de guérison, ce qui en fait n'apporte absolument rien.

Ce qu'il faut, c'est se reposer, se détendre, à la limite ralentir un peu ses activités. Il faut savoir prendre le temps de s'occuper un peu de soi-même, au lieu de chercher dans l'action les prétextes pour n'avoir pas le temps de le faire. Car c'est bien de stress qu'il s'agit et de ce qui en résulte — l'impossibilité, inconsciemment souhaitée, de prendre du plaisir et du repos, par une programmation si serrée de la journée que tous les instants en sont occupés. Il y a *toujours* des raisons sous-jacentes au surcroît d'activité délibérément choisi par un individu. Une brève identification de ces raisons peut contribuer grandement à atténuer les désagréments ou les perturbations dus à l'herpès, et ce

quels qu'ils soient. Quand un individu se sent continuellement anxieux en ce qui concerne ses tâches, ou leur
quantité, il est temps qu'il réfléchisse à ses priorités dans la
vie. Au chapitre 9, un tableau permet d'évaluer ces facteurs de stress et d'aider le lecteur, du moins l'espérons-
nous.

La dernière recommandation semble la plus difficile à
mettre en pratique, sans raison d'ailleurs. Il s'agit de
développer une sorte de routine, en ce qui concerne les
soins : c'est-à-dire qu'il faut se les prodiguer à heure fixe,
rigoureusement et régulièrement, et après quoi **oublier
l'herpès.** Même pendant une courte poussée, il ne faut pas
se laisser dominer et contrôler par l'herpès. Après tout,
l'herpès n'intervient que pour une infime partie dans
l'existence, même si parfois ses intrusions sont agaçantes.
Pourtant ceci est loin d'être évident parce que, justement,
l'obsession qu'il provoque chez ses victimes constitue un
des principaux problèmes imputables à l'herpès. C'est le
cercle vicieux qui, pour une très grande part, contribue à
l'inconfort. Il est donc très important de ne pas le laisser
s'installer, en détournant très tôt l'attention sur le travail,
les études, le plaisir ou les divertissements.

L'anxiété et l'inquiétude ne font qu'accroître l'inconfort physique ; elles altèrent en outre la perception qu'on
en a. La diminution de l'anxiété permet de détourner
l'attention de l'herpès vers des objectifs plus positifs ; elle
permet également de réduire les effets propres à l'herpès
lui-même. On a, de nos jours, établi clairement l'existence
des liens qui unissent les troubles physiques au stress et à
l'anxiété. Après la lecture de cet ouvrage — et, nous
l'espérons, une meilleure connaissance de l'herpès —, le
lecteur devrait pouvoir éliminer la plupart de ses anxiétés,
liées à cette maladie et, ce faisant, réduire en conséquence
son inconfort physique et mental.

Ce qu'il faut retenir

- Sauf en cas de réelle nécessité, il faut éviter de contracter l'habitude de soulager l'inconfort avec des analgésiques puissants.

- Des bains ou des compresses procurent un soulagement local ; après quoi, il faut maintenir la zone atteinte propre et sèche.

- Il faut éviter autant que possible toute forme de friction.

- Il est conseillé de porter des sous-vêtements en coton et des vêtements lâches.

- Un travail sur soi, destiné à alléger la tension et l'anxiété, ne peut être que bénéfique (voir chapitre 9).

- Chacun doit s'établir un programme de soins strict et logique, qui lui permette d'oublier l'herpès et de s'adonner sans entrave à toute activité qui lui convient.

Chapitre III
Le traitement de l'éruption

Le traitement de l'éruption elle-même vise trois objectifs.

- Maintenir l'activité virale à un degré minimum.
- Éviter les infections secondaires d'origine bactérienne.
- Aider les processus naturels de l'organisme à combattre le virus et à remplacer les tissus lésés par de nouveaux tissus.

C'est à cette étape du livre que la question se précise : « existe-t-il un traitement curatif ? ». Si un traitement efficace permettait d'éliminer le virus de l'organisme, le présent chapitre tiendrait en quelques lignes. Bien que de nombreuses substances puissent tuer l'herpesvirus, *aucune* ne peut empêcher les récurrences. On n'a élaboré à ce jour aucun composé capable, soit de pourchasser le virus jusque dans son repaire préféré (la cellule nerveuse), soit d'affecter directement, de quelque manière que ce soit, l'activité virale, tant que le virus ne quitte pas les nerfs pour émigrer vers d'autres tissus ou d'autres fluides. Même là, tandis que les virus sont détruits en surface, une plus grande quantité pénètre dans les cellules nerveuses pour y poursuivre le processus, et ce jusqu'à la fin du cycle.

Au niveau actuel du développement de la technologie dans ce domaine, quand on tue le virus logé dans une cellule nerveuse, on tue *aussi* la cellule. Or, les cellules nerveuses ne se régénèrent pas, comme le font les autres types de cellules. De toute façon, le fait de tuer les cellules nerveuses qui hébergent le virus ne garantit aucunement la destruction de tous les virus.

C'est pourquoi les approches thérapeutiques courantes tentent, soit d'entraver la production de virus, soit de détruire les virus réactivés, dans le but d'empêcher le développement d'une éruption. Bien qu'aucune de ces approches n'ait eu à ce jour d'impact réellement efficace sur les éruptions récurrentes, on peut s'attendre à un certain succès dans un avenir prévisible — estimation raisonnable : cinq à dix ans (voir chapitre 6). L'élimination du virus caché dans l'organisme est un problème beaucoup plus important dont la résolution, qui constituera un grand pas scientifique, prendra de nombreuses années. En attendant, les ressources de l'organisme alliées à certaines stratégies utiles constituent le traitement le plus efficace. C'est précisément au moment où le cycle de production du virus cesse — et que l'éruption disparaît — que les mécanismes de défense de l'organisme doivent être présents. Comme on le verra, une des tâches, du médecin comme du patient, consiste à faciliter au maximum l'action de ces mécanismes.

Il est inutile de rechercher désespérément ces nouvelles « cures miracle » qui surgissent chaque semaine de sources fiables ou fantaisistes : bien souvent, leurs inventeurs auraient intérêt à se documenter un peu plus sérieusement ! La méfiance est de mise en ce domaine. Lorsqu'on aura découvert un traitement sensiblement plus efficace que le couple « ressources de l'organisme — dessèchement et nettoyage de l'éruption », la nouvelle se propagera rapidement : le traitement sera alors disponible et les membres de la communauté médicale le reconnaîtront parfaitement (voir au chapitre 6 : les médicaments généralement prescrits — ce qu'ils font et ce qu'ils ne font pas. Aucun d'eux n'apporte d'ailleurs la guérison définitive, en dépit de leurs propriétés antivirales ou de leurs effets immunologiques).

Stratégies à adopter en cas d'éruption

Il faut surtout maintenir la zone affectée propre et sèche, en la nettoyant avec de l'eau et du savon. Le *nettoyage* diminue la probabilité d'apparition d'infections secondaires d'origine bactérienne ; le *dessèchement* tue les virus situés en surface et empêche le développement d'un milieu humide favorable au virus.

Les *bains* dans une eau additionnée de solution *Burows* (solution antiseptique d'acétate d'aluminium), ou autres sels desséchants, produisent les mêmes effets, en plus de soulager l'inflammation. Des tampons imbibés d'alcool ou d'éther, appliqués sur les plaies externes, auront un effet antiseptique. Pour quelques personnes, ce traitement est efficace pendant les premiers stades d'une poussée ; par contre, quand les plaies commencent à guérir, il peut provoquer des démangeaisons désagréables sur le tissu régénéré. Il est très risqué de crever les cloques, que ce soit avec les mains ou une épingle : cette opération peut faciliter la propagation du virus autour de la cloque, engendrer une complication d'origine bactérienne ou provoquer d'autres éraflures.

La plupart des médicaments antibactériens ou antiinflammatoires, ainsi que les pommades ou onguents divers, sont à déconseiller. En effet, bien que tous ces produits puissent mettre à l'abri d'autres infections ou diminuer l'inflammation, la pommade ou l'huile de base qui entrent dans leur composition risquent de fournir au virus un milieu propice à son développement. La vaseline, par exemple, ne peut que rendre étanche la zone malade, ce qui empêche le dessèchement du virus et retarde par conséquent la guérison.

Il faut en outre bien manger et s'octroyer un supplément polyvitaminé, incluant les vitamines **B** et **C**. Il est inutile de faire une consommation excessive de vitamines isolées (à moins bien sûr d'être affligé d'une carence nutritive ou immunologique particulière et contrôlée médicalement). Cette surconsommation accroîtrait les profits des seuls fabricants et se contenterait de demander à l'organisme un nouvel effort d'adaptation, en plus de celui exigé par l'herpès !

On recommande également de bien dormir et d'éviter tout ce qui a un effet destructeur sur l'organisme. La consommation excessive d'alcool, de café ou de tabac, ainsi que le noctambulisme, retardent la guérison. En un mot, le corps a besoin de *détente.*

Il n'est pas inutile de répéter que la tension physique ou mentale contribue à épuiser les ressources naturelles de l'organisme. La diminution du stress est un thème important qui sera abordé au chapitre 9. Pour l'instant, il suffit de savoir que tout ce qui provoque la tension nerveuse retarde la guérison ; c'est faire un grand premier pas que de le reconnaître. Il est cependant un peu plus difficile pour chacun d'identifier ses agents stressants spécifiques.

L'effet placebo

Comme on peut le remarquer, pour le traitement de l'éruption herpétique, nous ne recommandons aucun médicament, ni aucune substance nutritive, que ceux-ci agissent par application, par injection ou autrement. Toutefois, il faut bien tenir compte de ce qu'on appelle « l'effet placebo ». En effet, les manifestations individuelles de cet effet peuvent jouer un rôle important dans le processus d'adaptation et la guérison.

Un placebo, officiellement, est une substance neutre, qui n'exerce aucune action sur l'organisme : parfois, il s'agit d'une solution salée injectable (de l'eau additionnée de sel, ce qui rend la solution compatible avec les fluides du corps), parfois d'un comprimé de sucre (qui ne produit aucun effet physiologique direct sur l'évolution d'une maladie). En général, dans les études pharmacologiques, on administre un placebo à un groupe de sujets (qui constituent le groupe témoin) auquel on compare le groupe qui reçoit le médicament à l'étude : on peut ainsi évaluer les effets de ce médicament. Par exemple, on peut déterminer si un médicament donné parvient effectivement à mieux guérir une maladie qu'un placebo ou si, au contraire, il n'est pas plus efficace qu'un antidote spécifique des symptômes ou des causes de cette maladie.

Ce qu'il y a d'intéressant dans ce phénomène, c'est que, pour nombre de maladies chargées d'émotions ou d'impressions subjectives, il arrive souvent que la simple administration d'un placebo exerce un effet puissant, dans certaines circonstances. Et ceci est particulièrement vrai pour l'herpès, à cause de sa relation étroite avec la sexualité — laquelle représente une partie très intime et vulnérable de la vie de chacun.

Tous les nouveaux traitements « agissent » — ou au moins, dans les conditions appropriées, l'un d'entre eux agit sur une personne donnée, de la même manière que le ferait la suggestion hypnotique. L'espoir et l'enthousiasme opérant positivement contribuent indubitablement à la guérison et permettent de contrer le développement de certaines poussées. Mais on assiste actuellement à une véritable « épidémie » de cas où tel médicament « agissant » au début, finit par ne plus « agir », d'une manière ou d'une autre. Passer d'une « cure miracle » à une autre peut probablement entraîner quelques victoires sur certaines poussées, à cause de l'effet placebo, mais à la longue, cela risque plutôt de se retourner contre l'utilisateur inconstant. Cette tendance à toujours rechercher la destruction du virus « en une seule fois » est très répandue et bien ancrée dans les mentalités ; cependant, les échecs dus à de nouveaux « traitements miracle » entraînent naturellement la déception et accroissent la méfiance envers les autres nouvelles thérapeutiques. Il est souvent difficile d'admettre vis-à-vis de soi-même que cette quête incessante de nouveaux traitements donne naissance à un effet placebo « négatif » — lequel, à son tour, prédispose à l'échec, tant physique que mental, et laisse désemparé et désespéré.

Il est de loin préférable de se donner pour but l'instauration d'un effet placebo « positif », par l'application cohérente des bonnes habitudes d'assainissement et de soulagement et par l'apprentissage des soins à se prodiguer pendant une poussée. Si nous utilisons l'expression « effet placebo positif » (en général les étiquettes semblent de mise quand il s'agit de traiter d'une situation donnée), c'est que le fait en soi de *faire quelque chose* ou de *prendre quelque chose* exerce un rôle important dans le processus d'adaptation.

On trouve une bonne illustration de cela dans la renommée de la lysine (disponible sur les rayons des pharmacies) qui fournit à l'organisme un supplément d'acides aminés. Nombre de gens affirment qu'on doit précisément à la lysine la diminution à long terme des symptômes de l'herpès. Bien que des études scientifiques aient démontré qu'elle n'était pas plus efficace qu'un placebo, elle semble partiellement à la base de l'instauration du processus d'adaptation, pour certaines personnes du moins. Finalement, c'est le fait de *prendre* quelque chose — dans ce cas, un produit relativement inoffensif — qui est important (voir chapitre 6). Il est cependant intéressant de noter que, une fois que le processus d'adaptation est bien installé, la suppression de la lysine semble n'avoir aucun effet sur les symptômes !

Certains camelots qui ne jurent que par les nouvelles « cures miracle » préconisent des traitements à long terme pouvant s'étendre sur plusieurs mois. Nous avons ainsi pris connaissance par hasard d'un traitement impliquant des injections d'extrait de venin de serpent, et ce pendant deux ans ! Un autre recommandait l'acupuncture et un changement de régime alimentaire, pendant une période variable (entre huit et douze mois). Nous n'avons rien contre l'extrait de venin ou l'acupuncture, mais il reste à savoir si de tels traitements physiques jouent vraiment en faveur du malade. Cependant, il a été prouvé que *n'importe quel programme cohérent* impliquant activement le malade — lequel doit prendre bien soin de lui-même et vivre positivement — favorisait indubitablement le processus d'adaptation en soi. Ces types de traitement se contentent simplement de soutenir le processus d'adaptation, en lui laissant la priorité ; ils semblent par contre n'avoir aucun impact direct sur le virus de l'herpès. En fait, certains d'entre eux peuvent être même relativement néfastes.

Ce qu'il faut retenir

- On doit maintenir l'éruption propre et sèche.
- Il faut nettoyer la zone affectée avec de l'eau et du savon. Pour soulager la douleur et favoriser le dessèchement des lésions, des bains additionnés de sels ou de solution *Burows* sont recommandés.
- L'utilisation de l'alcool atténue les démangeaisons et nettoie l'éruption.
- Une bonne nourriture, du repos et un ralentissement de l'activité générale ne peuvent être que bénéfiques.
- Enfin, il faut absolument développer de bonnes habitudes de soin, pour en arriver à un traitement cohérent et applicable dès l'apparition d'une poussée d'herpès.

Chapitre IV

La contagion

Bien plus que tout autre facteur, la *compréhension* du phénomène de la contagion et la *connaissance* des moyens de l'éviter, ont une importance capitale : c'est là qu'il faut chercher actuellement la clé du traitement de l'herpès. L'incertitude concernant les circonstances et les modalités de transmission du virus est à l'origine de bien des craintes pour celui qui en est affligé. Ces craintes sont d'ailleurs reliées à divers états et situations (les contacts de tout ordre avec autrui, la grossesse, la puériculture, etc.) et, en général, à l'éventualité de la perte de la liberté d'action et du bien-être moral. L'objectif du présent chapitre est double : recenser les faits concernant la contagion (par un approfondissement de l'information donnée au chapitre I) et montrer comment on peut composer avec ce phénomène, en exerçant une surveillance minimum — ce qui, normalement, devrait diminuer l'anxiété du porteur de virus. Si cela se produit, nombre de soucis antérieurs risquent de se dissoudre d'eux-mêmes. Quand une personne est contagieuse, comment peut-elle transmettre l'herpès à autrui, et quelles sont les conséquences de ces modalités de transmission sur ses relations interpersonnelles ?

Nous avons constaté qu'un simple survol des faits ne suffisait pas à apaiser les craintes de celui qui venait de contracter l'herpès ; en outre, cela ne favorisait pas l'instauration du processus de l'adaptation. C'est pourquoi il est nécessaire de récapituler ici les faits déjà abordés et de les analyser plus en profondeur.

La première réaction de la victime, devant les risques éventuels, est bien souvent plus dramatique qu'il n'est nécessaire ; cependant, cette réaction exagérée comporte l'avantage d'attirer l'attention sur l'importance de la prévention et des comportements qui en découlent — car, en fin de compte, ce sont ces habitudes préventives qui permettent de vivre la vie de tous les jours et les relations interpersonnelles avec le minimum de perturbation.

La transmission

Le ***contact physique direct*** est le seul mode de transmission de l'herpès. Le virus n'est pas transmissible quand il est en phase de latence. Quand une quantité suffisante de virus occupe la surface du corps, il faut, pour être contaminé, toucher directement la région affectée. La zone de contagion est bien délimitée, et tant qu'on ne la touche pas précisément, la transmission ne peut pas avoir lieu. Lorsqu'il y a plaie sur les lèvres ou sur les organes génitaux, la fellation ou le cunnilingus peuvent faciliter la transmission — dans un sens ou dans l'autre —, l'herpès étant extrêmement contagieux lorsque des plaies se forment.

Le développement d'une infection active chez une tierce personne dépend de l'interaction entre :

- la quantité de virus qui envahit l'organisme de cette personne, par le biais des muqueuses ou d'une lésion cutanée ;

- le degré d'immunité éventuelle de son organisme contre le virus ;
- son pouvoir de résistance à l'infection, au moment de la transmission.

Il est important de bien garder en tête ces trois critères pour comprendre ce qu'ils signifient pour chaque cas particulier.

Cela sous-entend, bien sûr, que le transmetteur a déjà eu un premier accès d'herpès et que le virus est passé par une phase « dormante ». Certains signes de l'activité du virus dans son repaire (la cellule nerveuse) précèdent la récurrence type. Ce sont les signes avant-coureurs (ou prodromes) auxquels il faut prêter attention (au chapitre 9, une liste de ces signaux « avertisseurs » est d'ailleurs fournie) et qui ne sont pas différents des symptômes liés à la première poussée. Ils sont l'indice d'une activité virale et d'une éventuelle migration du virus vers la périphérie ; ils peuvent en outre disparaître sans qu'il y ait éruption (ce qui arrive souvent lorsque l'organisme a réussi l'adaptation et que l'individu a acquis un certain contrôle sur les récurrences). Au cours de ces périodes prodromiques, l'échauffement provoqué par des rapports sexuels ou la masturbation frénétique peut entraîner (ou à tout le moins faciliter) une poussée d'herpès et une éruption — si le traumatisme physique est un des facteurs de déclenchement du porteur de virus. Les signes avant-coureurs incitent à la prudence et à une modification des pratiques sexuelles : on préférera ainsi les jeux érotiques à l'accouplement. Pendant cette période, il est rare qu'on « attrape » le virus par l'intermédiaire d'une serviette, mais comme on l'a vu, il est possible d'accélérer l'évolution d'une poussée d'herpès. En effet, on signale fréquemment une poussée au cours de la journée consécutive à un rapport sexuel pratiqué pendant la phase prodromique.

Dès qu'un signe quelconque apparaît sur la peau — une tache rouge, par exemple —, il faut présumer qu'il y a prolifération du virus. À ce stade, les résultats des cultures virales sont en fait presque toujours positifs. Si des cloques apparaissent, le liquide qu'elles contiennent affiche une concentration élevée de virus vivants. C'est à ce moment que le risque de transmission est le plus grand. Même quand les plaies commencent à guérir et qu'une croûte se forme, l'interaction entre l'organisme et le virus est toujours effective, et la friction peut l'accroître — ce qui aggrave les risques de transmission. Pourtant, ce stade constitue le moment décisif d'une poussée : le virus a cessé de proliférer, il commence à s'éloigner de la périphérie du corps.

Pour qui a déjà été affecté de l'herpès, le virus est présent en moyenne de trois à quatre jours pendant une poussée récurrente, et ce pour une éruption typique durant de sept à dix jours. Tant que rien ne vient entraver le processus d'adaptation prévu, la gravité des réactivations diminue graduellement. C'est ce qui se passe en général et chacun peut, vraisemblablement, atteindre ce stade de réduction de la gravité dans un délai raisonnable (voir chapitre 9).

Il est important que chacun recense alors ses propres paramètres de contagion et prévoie ses activités sans perdre de vue ces facteurs. Le meilleur moyen d'éviter la contagion, c'est de **supposer la transmission possible depuis la période qui précède l'apparition des plaies jusqu'à la cicatrisation complète de la zone affectée.** En effet, à certains stades (au début d'une poussée et pendant sa guérison), on n'est jamais bien certain de la présence ou de l'absence du virus. La seule manière de le savoir avec une certitude absolue, ce serait d'effectuer, à différents stades, des prélèvements en vue d'une culture virale, Mais cela ne permettrait pas, de toute façon, de faire des prédictions exactes pour les poussées ultérieures. Ainsi, il n'existe pas de meilleure solution que celle-ci : prendre les précautions qui s'imposent dès la phase prodromique, et ce jusqu'à ce que les croûtes tombent, la zone ayant alors fait « peau neuve ».

Il semble que des antécédents herpétiques protègent un tant soit peu contre les infections ultérieures. Par exemple, une infection génitale risque d'être moins grave chez quelqu'un ayant déjà eu des boutons de fièvre que chez quelqu'un qui n'en a jamais souffert. De la même manière, les infections infracliniques semblent offrir une certaine protection. Mais ce n'est pas une raison pour être imprudent : il existe en effet une grande variété de souches d'herpesvirus de type 1 et 2. Et tandis qu'une protection partielle opère, une autre infection peut se développer sur un site différent. Mais en réalité, il est rare que des partenaires sexuels se transmettent mutuellement de nouvelles infections sur des sites différents. Néanmoins, cela reste possible, d'après ce qu'on sait du comportement du virus.

Tous les faits qui concernent les transmissions à un tiers s'appliquent également à l'auto-infection. On peut transmettre l'herpès à une autre partie de son propre corps (les doigts et les yeux étant particulièrement prédisposés à ce type d'infection), bien que cela se produise rarement en cas de poussée récidivante. Il y a plus de chances que ce phénomène survienne au cours d'une primo-infection, alors que l'organisme n'a pas encore établi ses défenses — ou si peu — contre l'envahissement par le virus d'une autre partie du corps. On n'a presque jamais rencontré de cas d'autotransmission d'une infection génitale vers les yeux (simplement à cause du site des lésions), bien que cela soit virtuellement possible. Par contre, on constate plus fréquemment ce phénomène à partir d'une infection buccale — mais vraisemblablement pas en cas de poussée récurrente. Bien que personne ne recherche délibérément l'auto-infection, celle-ci demeure possible ; mais en tenant compte des précautions résumées plus loin dans le présent chapitre, on se met à l'abri même du plus petit risque.

Ce qu'il faut retenir
- Entre les poussées, le virus n'est pas présent dans la peau.

- La période de transmissibilité s'étend de la phase précédant l'apparition des plaies à la cicatrisation complète de la zone. Une vive irritation du site de l'infection facilite la transmission.
- Bien que cela soit possible, il est assez rare de développer une deuxième infection génitale — que ce soit par l'intermédiaire d'un partenaire ou par auto-inoculation.

Comment éviter la transmission

Premièrement, *chacun doit connaître son propre corps et les symptômes particuliers qui se manifestent pendant les poussées d'herpès.* Cela doit devenir une obsession, au moins au début, si on veut pouvoir moins s'en préoccuper par la suite. Il ne faut pas oublier que le but est l'instauration de l'adaptation, du contrôle et finalement de la liberté.

Deuxièmement, *il faut mettre en pratique les méthodes de prévention et développer tout un ensemble de bonnes habitudes.* En cas de poussée d'herpès, chacun peut faire ce qu'il veut, qu'il soit seul ou en relation avec autrui, *à condition que la zone infectée ne soit pas touchée directement.* Il est évident que le mode de prévention le plus efficace consiste encore à s'abstenir de toute activité impliquant cette zone. Avec un bouton de fièvre, on n'embrasse personne, nulle part (même le jour de l'an !) et on évite particulièrement les baisers aux bébés. Il faut en tout temps éloigner les boutons de fièvre de la portée des bébés. En cas d'infection génitale, il faut supprimer les rapports sexuels ; en cas de lésions, soit génitales, soit buccales, les caresses bucco-génitales sont à prohiber (il existe de nombreuses autres manières de se caresser, se câliner ou de partager l'intimité).

Il faut reconnaître que la discussion concernant la contagion pose certains problèmes spécifiques, autant aux célibataires qu'aux partenaires des couples bien installés. Ces problèmes seront abordés au chapitre 8. Ce n'est pas que le sujet soit difficile à traiter, c'est plutôt qu'il se charge de toutes sortes d'angoisses particulières.

Les préservatifs ont-ils une quelconque utilité ? Oui et non.

- Le préservatif peut protéger un homme contre une faible prolifération du virus provenant d'une femme dépourvue de symptômes (« prolifération asymptomatique »). Mais il est très rare qu'une femme n'éprouve aucun symptôme, même en présence de petites quantités de virus seulement dans les écoulement utérins.

- Le préservatif ne peut protéger que les zones qu'il recouvre. Si le préservatif ne recouvre pas certaines plaies, il n'est alors d'aucune utilité. Il n'en a pas plus si des lésions affectant la femme peuvent entrer en contact avec certaines parties du corps de l'homme que le préservatif ne « préserve » pas.

- L'utilisation du préservatif peut provoquer un échange, même quand il s'oppose au contact direct avec une lésion. Il peut en fait contribuer à la propagation du virus et augmenter ainsi la zone de l'éruption, aggravant l'état antérieur et retardant vraisemblablement la guérison.

En conclusion, l'utilisation raisonnée du préservatif peut protéger de l'herpès ; son utilisation irrationnelle peut, au contraire, n'apporter aucune protection et même occasionner un échange qui influe sur la guérison et l'inconfort.

Ceci entraîne la deuxième question : peut-on être « porteur » de l'herpès et n'éprouver aucun symptôme ?

La quasi-totalité des Américains développent, vers l'âge de vingt ans, des anticorps contre l'un ou l'autre des deux types d'herpesvirus. Cela signifie qu'ils ont été exposés au virus à un moment quelconque de leur existence.

De là, on peut supposer que la grande majorité d'entre eux hébergent le virus en phase latente et sont, en ce sens, des « porteurs ». Mais, et il est important d'insister sur ce point, *le virus en phase de latence n'est pas transmissible à autrui.*

La question primordiale est donc la suivante : « quelles sont les chances d'être contaminé par quelqu'un qui ignore être atteint d'herpès ou qui n'éprouve aucun symptôme ? » Il ne fait aucun doute que nombre de gens sont affectés de l'herpès, mais qu'on ne l'a jamais diagnostiqué, soit parce que ces gens n'éprouvaient aucun symptôme, soit parce que les symptômes étaient si faibles qu'ils ne les ont jamais inquiétés. Il ne faut pas oublier que la réaction à l'infection herpétique peut se manifester, soit par une infection infraclinique, soit par une maladie grave, soit par n'importe quel stade intermédiaire. Dans une infection infraclinique, les signes d'inoculation du virus sont rares ou inexistants ; par conséquent, le porteur peut ignorer son état. Ces infections infracliniques sont fort probablement très répandues, mais on peut difficilement prédire leur évolution ultérieure. Des récurrences peuvent survenir, mais il n'est pas toujours certain qu'on puisse les identifier. Ainsi, la possibilité d'une « prolifération du virus à l'insu du porteur » (ou « prolifération asymptomatique ») existe, ainsi que sa transmission éventuelle sans symptôme évident. En fait, il est impossible de déterminer si ce phénomène est responsable d'une quelconque transmission significative de l'herpès, tant qu'on ignore quelle quantité de virus est nécessaire à l'effondrement de l'immunité de la personne exposée.

Continuellement, l'organisme est exposé à de nombreux types d'agents infectieux — soit par choix, soit par hasard — et il les contre fort bien, surtout quand il a déjà eu affaire à eux. C'est seulement quand ces agents peuvent éviter ou vaincre les défenses de l'organisme que la maladie infectieuse survient.

La conclusion la plus sensée qu'on puisse tirer de tout cela, c'est que ce sont les gens mal informés, ignorants ou peu soucieux de leurs symptômes qui sont virtuellement responsables de la transmission de l'herpès (et de nombreuses autres maladies transmises sexuellement) ; en outre, la transmission imputable à une réelle « prolifération du virus à l'insu du porteur » est extrêmement rare, si jamais elle existe !

Ce problème comporte cependant un revers, beaucoup plus embarrassant sur le plan émotif, pour certaines personnes du moins : le sentiment qu'elles éprouvent d'être en permanence potentiellement contagieuses. Ce complexe, qui affecte sans raison autant les hommes que les femmes, peut devenir un obstacle majeur à la liberté, sur le plan des relations interpersonnelles. La question « qu'arrivera-t-il si je contamine quelqu'un, malgré toutes les précautions possibles ? » est à l'origine de ce sentiment de culpabilité. Le mot *contamination* prend souvent des significations disproportionnées lorsqu'il est empêtré dans ce contexte émotivement négatif, éventuellement beaucoup plus nuisible que les simples réalités du risque de transmission.

C'est un fait que, dans les couples bien informés sur les symptômes suspects, l'infection réciproque est rare — ou, si elle a lieu, les causes et les circonstances en sont connues et évidentes. Si « la prolifération à l'insu du porteur » contribuait de manière significative à la transmission du virus, beaucoup plus de gens contamineraient leurs partenaires. D'après les données cliniques, cela semble justement n'être pas le cas ! Le risque de transmission entre partenaires devrait être nul, si une mutelle coopération présidait dans les relations.

Bien que le sentiment de responsabilité soit normal et justifié et qu'il incite à prendre les précautions adéquates pour éviter la transmission de l'herpès, la paranoïa et la crainte teintée de culpabilité sont des facteurs de dégradation des rapports sexuels et de l'estime de soi, bien plus destructeurs que l'herpès lui-même. Et cette constatation n'est pas exagérée. L'herpès peut inciter de diverses façons à prendre soin de soi, de son corps et d'autrui, mais il peut tout aussi bien miner une confiance en soi durement acquise, et ce sans raison. L'impact émotionnel de l'herpès fera l'objet d'une étude plus poussée au chapitre 7.

On peut, pour se libérer l'esprit de cette obsession de la contagion, faire effectuer des prélèvements pour culture virale. On peut aussi utiliser des préservatifs ou une gelée spermicide, laquelle possède des propriétés antivirales. Ce sentiment de culpabilité, qui entrave les relations intimes entre individus, est finalement beaucoup plus débilitant que l'herpesvirus lui-même.

Que penser des sièges de toilettes ?

On ne peut pas contracter l'herpès par l'intermédiaire d'un siège de toilette ou d'un échantillon de rouge à lèvres, ni par celui de n'importe quel objet inanimé. Car le virus meurt rapidement après avoir quitté l'organisme, s'il n'a pas à sa disposition un milieu propice à sa survie (comme c'est le cas dans les bouillons de culture des laboratoires). Quand le virus se dessèche, il meurt. Même si le danger est presque nul, il est préférable, pour diminuer l'anxiété, d'éviter de partager serviettes, brosses et verres à dents, en cas de plaies actives.

Les mauvaises habitudes d'hygiène comportent le risque de développement de nombreux types d'infection ; c'est pourquoi il est bon d'éviter de partager les affaires de toilette personnelles, en cas d'infection superficielle quelconque (c'est, de toute façon, un devoir envers autrui). Réciproquement, en cas d'entaille de la peau ou de plaie, on doit être particulièrement attentif à ce qu'on touche et avec qui on a des contacts (c'est, en ce cas, un devoir envers soi-même).

Il arrive que de très jeunes enfants contractent l'herpès génital, sans contact « sexuel ». L'explication de ce phénomène est simple : les parties génitales de l'enfant peuvent être contaminées par transfert *immédiat* du virus — à l'aide d'un doigt ou d'une serviette — depuis une plaie buccale de l'enfant lui-même, ou depuis la plaie herpétique d'une autre personne. Mais cela ne se produit *jamais* par l'intermédiaire d'une serviette utilisée quelque temps auparavant. Comme chacun le sait, les bébés sont très actifs sur le plan « sexuel ». Quand l'herpès labial afflige un bébé, il faut tenter de contrer au maximum le risque d'autotransfert, en lui éloignant les mains de la plaie.

Comme pour les autres domaines de l'existence, presque tout est possible en ce qui concerne la contamination ; cependant, puisqu'une certaine quantité de virus et un contact direct avec une muqueuse ou une écorchure sont nécessaires au développement d'une infection active, le risque de contamination par des objets inanimés est presque nul ! *On n'a jamais signalé aucun cas d'herpès contracté de cette manière. La simple hygiène contribue à diminuer l'anxiété.*

La peur obsessionnelle de contracter l'herpès de cette manière est un syndrome pathologique beaucoup plus grave que l'infection herpétique en soi.

Quelques mesures préventives

- Éviter les rapports sexuels, en cas de plaies aux parties génitales de l'un ou l'autre des partenaires.
- Éviter les caresses bucco-génitales, en cas de plaies buccales ou génitales de l'un ou l'autre des partenaires.
- Utiliser un préservatif, en cas de signes avant-coureurs (décider d'en utiliser un en cas de plaies est un choix personnel, qui comporte des risques pour le partenaire et pour soi-même. À notre avis, il vaut mieux supprimer complètement les rapports sexuels, dans ces circonstances). Le préservatif peut protéger contre la prolifération du virus « à l'insu du porteur ».
- En cas de signes avant-coureurs, il faut éviter de gratter vigoureusement le tissu entourant la zone de

l'éruption. Si la démangeaison est insupportable, il faut utiliser une pommade lubrifiante.

▪ Éviter de piquer ou presser les plaies pour suivre leur évolution.

En cas d'herpès labial, il faut prendre garde aux divers tics et habitudes qui peuvent favoriser la propagation du virus, tels :

▪ se gratter le menton ;

▪ se passer la langue sur les lèvres, ou humecter la plaie de salive, sous prétexte que cela semble soulager la douleur et la démangeaison ;

▪ jouer avec sa moustache ;

▪ tapoter la plaie avec le bout d'un crayon, puis mordiller celui-ci ;

▪ fumer de telle manière que la cigarette soit en contact avec la plaie ;

▪ faire rouler un bâton de rouge à lèvres (ou autre produit) sur un bouton de fièvre, puis sur le reste des lèvres.

Après avoir nettoyé et desséché une plaie, il faut éviter de la toucher et faire en sorte que personne ne puisse l'atteindre (en particulier les bébés). Il est inutile de compliquer outre mesure les précautions quand on partage le lit de son partenaire : il suffit de porter des sous-vêtements de coton, en cas d'herpès génital, et d'éviter les baisers, en cas d'herpès labial. Le partenaire ne sera contaminé ni par les draps ni par les taies d'oreillers.

Il faut absolument se laver les mains quand elles ont été en contact avec le virus ; c'est d'ailleurs la première chose à faire *avant* de se frotter les yeux le matin et *avant* de mettre en place ou d'ôter des lentilles cornéennes (qu'on soit contaminé ou non, il est de toute façon nuisible d'utiliser la salive pour humidifier les lentilles).

Quand on pense avoir été exposé à l'herpès (ou qu'on suppose y avoir exposé quelqu'un d'autre), il faut prendre une douche et inviter son partenaire à en faire autant. De l'eau et du savon suffisent pour nettoyer la zone qu'on présume affectée.

Il est clair qu'il ne s'agit là que de l'énumération de conseils relatifs à une bonne hygiène, mais il n'est pas inutile d'insister, afin que cela devienne une obsession (laquelle disparaîtra rapidement, dès que les bonnes habitudes deviendront automatiques). Le virus ne peut pas pénétrer dans la peau indemne : il est donc inutile de le craindre exagérément ; il suffit d'être simplement prudent. De bonnes habitudes d'hygiène mettront à l'abri tant de l'autotransfert — de toute façon relativement rare — que de la transmission à autrui.

Comment éviter d'être contaminé

Ce chapitre a recensé les mesures à prendre pour éviter de transmettre l'herpès à autrui. Les mêmes mesures permettent également de contrer la contamination éventuelle par quelqu'un d'autre. En guise de résumé, et pour éviter toute équivoque, nous allons insister une dernière fois sur les points importants.

La connaissance du partenaire

C'est là assurément le point capital. Le partenaire a-t-il conscience des répercussions de ses actes sur le corps et la vie d'autrui ? La réciproque est-elle vraie ? Un minimum de renseignements peuvent aider à prendre les décisions qui assureront le bien-être de chacun.

La connaissance par le regard

Il faut éviter de s'approcher de quelqu'un affligé d'un bouton de fièvre. Dans le domaine de la sexualité, on doit toujours s'inquiéter de l'apparition de quoi que ce soit d'anatomiquement anormal. Un examen au microscope n'est pas nécessaire : en outre, il désorganiserait complètement la soirée ! Les jeux sexuels courants peuvent aisément révéler tout détail anormal, sans qu'on soit obligé de jouer les Sherlock Holmes. Il suffit de prendre son temps, de jouer un peu... C'est ainsi qu'on peut tranquillement découvrir le corps de son partenaire, ce qui devrait de toute façon être un plaisir en soi. Après tout, est-il nécessaire de se presser en amour ?

La connaissance par la parole

Un des problèmes majeurs inhérents à la propagation de toutes les maladies transmises sexuellement est le suivant : on tente de dissimuler l'affaire, parce qu'elle est chargée d'opprobre ; si bien que la libre circulation de l'information concernant l'activité humaine la plus répandue est considérablement entravée — pitoyable état de fait ! Si chacun prenait connaissance des faits relatifs à l'herpès génital, on ferait un grand pas sur la voie de l'élimination de cette maladie et on pourrait réduire considérablement son impact sur les individus.

L'utilisation des préservatifs

En cas de doute concernant un nouveau partenaire sexuel, le recours au préservatif est une bonne initiative.

En résumé, les risques de contracter l'herpès génital sont réellement diminués quand on prend un minimum de précautions.

Chapitre V

Les complications d'ordre médical

Au chapitre précédent, nous avons vu qu'il était possible de transformer toute une série d'« interdits » en un ensemble d'habitudes « réflexes » permettant d'atteindre tranquillement l'adaptation. Par conséquent, l'inquiétude exagérée étant superflue, elle le sera également en ce qui concerne les éventuelles complications d'ordre médical — dont chacun a entendu parler — qui peuvent, à juste titre, alarmer de prime abord. Mais, là encore, la compréhension de ce qui se passe, et l'application pratique de cette connaissance sont à la base de la résolution du problème. Ainsi, l'anxiété peut décroître davantage, puisque chacun sait exactement ce qu'il a, ce qu'il peut encore apprendre et ce qu'il peut faire effectivement.

N.B. Maintenant que nous avons traité des aspects généraux de l'herpès et que nous allons aborder des problèmes plus particuliers, nous allons nous adresser directement à *vous*, la victime de l'herpès.

Les infections secondaires

La zone de l'éruption herpétique est excessivement sujette à l'infection secondaire. Lorsque cela se produit, la guérison est retardée. Dans certains cas, une infection secondaire est plus grave que l'herpès lui-même ; c'est pourquoi il est important de contrer cette éventualité. Il faut alors que vous suiviez sans dévier les conseils donnés au chapitre 3. Maintenez les lésions propres et sèches, et n'y touchez pas !

Si vous avez des pertes vaginales ou si vous pensez que les plaies ne guérissent pas comme elles le devraient, consultez votre médecin, pour vous assurer qu'une infection secondaire n'entrave pas le processus de guérison. Surtout, ne tentez pas de vous soigner vous-même avec quoi que ce soit que vous trouviez dans votre armoire à pharmacie. Recherchez plutôt le diagnostic éclairé et le traitement adéquat. Car ceci est très important : on déconseille fortement l'utilisation des crèmes ou pommades antibactériennes, antiseptiques ou anti-inflammatoires, en vente sur les rayons des pharmacies.

L'herpès ophtalmique (kératite herpétique)

Contracter l'herpès dans l'œil constitue un problème beaucoup plus sérieux. En effet, la cornée — cette tunique transparente qui recouvre l'iris — est particulièrement vulnérable aux infections herpétiques (on recense chaque année 20 000 nouveaux cas de cécité due à l'herpès ophtalmique). Bien que l'œil puisse être le site d'une primo-infection, la kératite herpétique résulte plus souvent, chez l'adulte, du transfert du virus de la zone d'une primo-infection labiale ouverte (n'oubliez pas qu'une primo-infection est une infection qui se produit pour la première fois). Si vous êtes victime d'une primo-infection, consultez sans tarder votre médecin, et maintenez la zone propre et sèche. En cas de « feu sauvage », éloignez-en les enfants (en particulier leurs yeux).

Ce qu'il faut faire en cas de kératite herpétique

Les risques de contracter l'herpès ophtalmique par autotransfert, à partir d'infections récidivantes (opposées aux primo-infections), sont minimes. Mais il est cependant préférable de vous mettre à l'abri de ce petit risque, en adoptant certaines mesures préventives, simples et évidentes.

Tout d'abord, ayez toujours en mémoire les diverses façons d'entrer en contact avec une plaie active. Après quoi, observez rigoureusement les règles d'une bonne hygiène corporelle. On est souvent tenté d'observer l'évolution d'une plaie nouvelle, même quand elle ne s'est pas encore vraiment développée, en la piquant ou en la pressant. De grâce, évitez cela à tout prix : vous risquez de capter le virus et de le transférer par inadvertance à vos yeux.

Si vous vous apercevez que votre œil a été infecté, consultez sans délai votre médecin. Les premiers symptômes se manifestent de deux à dix jours après la transmission : ce sont d'abord l'irritation ou la douleur, ou l'impression d'avoir un corps étranger dans l'œil. En général, l'œil est plus sensible à la lumière, et parfois la vision devient floue. Au fur et à mesure que l'infection progresse, l'œil rougit, enfle et pleure. Comme pour les autres infections herpétiques, la poussée s'évanouit et le virus entame sa phase « dormante », s'apprêtant probablement à réapparaître plus tard. Là encore, n'attendez pas passivement que cela se produise. Le risque que vous courez en ne vous faisant pas soigner est énorme : une cicatrisation permanente de la zone affectée peut se produire, provoquant ainsi la cécité. Cependant — et ceci est rassurant — on diagnostique assez facilement l'herpès ophtalmique et, contrairement à ce qui se passe pour les herpès génital et labial récidivants, il existe un certain nombre de traitements réellement efficaces, qui enrayent l'infection active. N'oubliez pas que l'auto-infection de l'œil à partir d'infections génitales récidivantes est un phénomène très rare. Mais le fait de vous en inquiéter vous permet de développer de bonnes habitudes d'hygiène. Après quoi, vous pouvez cesser de vous tourmenter !

L'herpès et le cancer du col de l'utérus

Chez la femme, il existe une relation entre l'herpès génital et le cancer du col de l'utérus. Cet énoncé froid et concis peut sembler alarmant mais, en fait, il ne le sera plus quand vous aurez compris les faits et que vous saurez exactement ce qu'il faut faire.

Tout d'abord, de nombreux facteurs en interaction sont à l'origine des cancers et le fait, pour une femme, d'avoir contracté l'herpès génital, n'implique pas nécessairement qu'elle doive être victime du cancer du col de l'utérus. Ce que les données scientifiques nous indiquent, c'est que le risque de développer un tel cancer est multiplié (entre cinq et huit fois) chez les femmes qui ont été victimes de l'herpès génital. Cependant, il est important de rappeler que les facteurs de risque de cancer du col de l'utérus les plus élevés sont : l'*âge* des premiers rapports sexuels (plus ils ont lieu tôt, plus le risque est élevé) et le *nombre* de partenaires sexuels (plus ils sont nombreux — et particulièrement les partenaires incirconcis — plus le risque est grand). Les relations entre ces divers facteurs sont par ailleurs extrêmement complexes : il est en effet très difficile de désigner avec exactitude les véritables agents spécifiquement responsables du cancer du col de l'utérus. Mais ce que vous devez comprendre, c'est que, parmi tous ces agents qui accroissent le risque de cancer, l'herpès en est un qu'il faut prendre en considération.

De quelle manière peut-on surveiller l'éventualité du cancer du col de l'utérus

Fort heureusement, il est relativement facile de surveiller une telle éventualité et de traiter les problèmes, si jamais ils surviennent. Tout d'abord, il vous faut établir une bonne relation avec votre gynécologue et lui rappeler votre passé herpétique. Faites en sorte de passer *tous les six mois le test Pap,* qui permet d'étudier les cellules du col de l'utérus et de détecter tout phénomène anormal. Quand on peut repérer assez tôt certaines modifications, le traitement est simple et efficace à 100 p. cent, ou presque. N'oubliez pas, cependant, que la quasi-totalité des anomalies révélées par le test *Pap* ne concernent pas les états cancéreux. Mais le fait de vous soumettre régulièrement à des tests de routine vous met à l'abri du développement ultérieur de complications inutiles.

L'herpès et la grossesse

Si vous souffrez d'herpès labial, cela ne constitue pas vraiment un problème en cas de grossesse. Cependant, n'exposez pas un nouveau-né au contact de plaies buccales. Il vous suffit simplement de mettre en pratique les précautions énumérées jusque-là. Par contre, si vous êtes affectée d'herpès génital récidivant, il y a risque que le bébé capte le virus au moment de son passage dans la filière pelvi-génitale. On a signalé en outre des infections transmises au fœtus, dans la matrice. Ces cas sont cependant assez rares : ils ne se produisent qu'au cours de primo-infections survenant pendant la grossesse — souvenez-vous que, pendant une primo-infection, le virus est libre de circuler dans l'organisme, jusqu'à ce que ce dernier élabore les anticorps qui obligent le virus à entrer dans sa phase de latence. Dans de tels cas, le virus s'arrange pour que le flux sanguin le transporte jusqu'au fœtus, à travers la barrière que constitue le placenta. Mais, répétons-le, cela n'arrive pas en cas d'herpès récidivant. L'herpès génital récidivant est très fortement localisé, si bien que le virus « dormant » ne parvient pas à surmonter la filière pelvi-génitale pour traverser le placenta.

Les statistiques concernant les enfants qui contractent l'herpès au moment de l'accouchement révèlent que de 300 à 1 500 nouveau-nés en sont victimes quotidienne-ment, pour un nombre d'enfants viables oscillant entre 3 et 3,5 millions. Cependant, une surveillance et une pré-vention appropriées permettraient presque de ramener ce nombre à zéro. Mais hélas !, la majorité des gens ne sont pas au courant de ces mesures préventives ; ceci est bien tragique, car l'infection herpétique d'un nouveau-né peut avoir de graves conséquences. Le virus peut en effet prendre rapidement possession des tissus sans défense, ce qui entraîne la mort du nouveau-né (dans plus de 50 p. cent des cas) et de graves lésions cérébrales (pour la majorité des autres cas). Après 3 mois environ, le bébé est beaucoup plus apte à guérir d'un envahissement herpéti-que, la période cruciale de danger étant dépassée.

Ces faits impliquent-ils qu'on doive automatiquement pratiquer une césarienne sur chaque parturiente affectée d'herpès génital ? Absolument pas. Du moment que le virus est absent de la filière pelvi-génitale au moment de l'accouchement, les choses peuvent se dérouler normale-ment et le bébé peut s'engager dans la voie vaginale. Par contre, si le virus est présent, la césarienne s'impose, pour une meilleure protection du bébé.

Ce qu'il faut faire en cas d'herpès survenant pendant la grossesse

Tout d'abord, vous devez vous assurer d'une étroite collaboration avec votre gynécologue-obstétricien, car il est évident qu'il doit être au courant de vos problèmes herpétiques. Vous devez ensemble tenter d'identifier, aussi précisément que possible, les caractéristiques particulières de vos poussées d'herpès — signes avant-coureurs, site des poussées récidivantes, temps nécessaire à la guérison, etc. Vous devriez exceller dans ce genre d'exercice, si vous mettez en pratique les consignes suggérées au chapitre 8. C'est ainsi que votre médecin, ayant de meilleurs atouts en main, pourra mieux vous aider et vous conseiller.

Les poussées d'herpès récidivant survenant pendant la grossesse ne devraient pas vous alarmer outre mesure tant que, sur les autres plans, aucun problème ne surgit. Dès que la date probable de l'accouchement est connue, une surveillance accrue s'impose, qui permette de déceler la présence éventuelle du virus. Cette surveillance implique des examens plus fréquents et des prélèvements pour culture virale. C'est ainsi que votre médecin pourra prendre la meilleure décision possible, en ce qui concerne le type d'accouchement : s'il suspecte qu'une poussée récidivante, survenant aux environs du terme, risque de nuire, il préconisera une césarienne ; si, au contraire, tout est pour le mieux, il préférera l'accouchement normal. L'essentiel dans tout cela, c'est une surveillance étroite de l'état de la filière pelvi-génitale, tout au cours de la grossesse, et plus particulièrement à l'approche de l'accouchement.

Ce qu'il faut retenir
- Donnez à votre gynécologue-obstétricien *tous* les renseignements que vous possédez sur votre maladie.

- Établissez avec lui une collaboration efficace, et votre bébé sera à l'abri de tout danger. Si toutes les futures mères atteintes d'herpès génital faisaient l'objet d'une surveillance sérieuse, il n'y aurait plus de danger d'infection pour aucun bébé.

Pouvez-vous donner vous-même les soins à votre bébé ? Évidemment ! Il vous suffit d'empêcher à tout prix le bébé d'entrer en contact avec les plaies herpétiques. Lavez-vous les mains, comme vous le feriez normalement avant de vous occuper d'un nouveau-né, et mettez en pratique les mesures d'hygiène étudiées plus haut. Chaque année, des milliers de bébés en parfaite santé sont nés de mères affectées d'herpès génital.

Les complications éventuelles — comme les infections secondaires, l'herpès ophtalmique, le cancer du col de l'utérus et les problèmes de l'accouchement — peuvent sembler effrayantes. Mais, en fait, on peut aisément les éviter, en appliquant certaines précautions simples, Là encore, le plus difficile, c'est de surmonter la peur et l'essentiel, c'est de posséder une information juste et précise.

Chapitre VI

Les traitements médicaux

Bien qu'actuellement on étudie certaines substances prometteuses capables de s'opposer à l'herpesvirus — ou même de le tuer —, on n'en a trouvé aucune qui puisse le déloger de l'organisme, une fois qu'il a pu entamer sa phase de latence. Si bien que, même après un traitement, le corps héberge toujours les éléments d'une éventuelle réactivation. Ainsi, le traitement radical n'existe pas ; il faudrait, pour cela, pouvoir tuer tous les virus au cours d'une *primo-infection*.

On peut se débarrasser de tous les virus (ou presque) avant le début de la phase de latence ; en ce cas, on a des chances d'annuler, ou à tout le moins de réduire, les possibilités de récurrence. Il est cependant peu probable que cela se produise — bien que ce soit possible — puisque les symptômes ne se manifestent qu'au bout de quelques jours, après le contact avec le virus. Par conséquent, au moment où les symptômes apparaissent, le virus a déjà eu tout le temps de voyager dans l'organisme.

C'est pendant la phase initiale que le traitement produit les effets les plus puissants. C'est une toute autre affaire quand les poussées récidivantes ont commencé à se manifester. Les chances de déloger le virus pendant sa phase « dormante » sont presque nulles. À partir de ce stade-ci, il n'y a pas de traitement unique et radical.

Les traitements médicaux des récurrences visent plusieurs objectifs.

- Tuer le virus, ou s'opposer à son action, après la manifestation d'une réactivation.
- De façon plus générale, établir dans l'organisme certaines conditions qui permettent de maintenir le virus en phase « dormante ».
- De manière ou d'autre, aider les processus naturels de guérison et raccourcir ainsi la durée des poussées.

S'il n'existe aucun traitement unique et radical, c'est qu'on n'a pas encore trouvé la substance capable de pénétrer jusqu'au repaire du virus pour y court-circuiter « l'usine de production ».

Il existe des traitements très efficaces de l'herpès ophtalmique et des réactivations herpétiques dont souffrent les gens soumis à des traitements immunodépresseurs — lesquels réduisent considérablement les réactions normales d'immunité à l'infection et sont utilisés pour lutter contre le cancer ou contre le rejet d'une transplantation d'organe. Pour ces dernières situations, les traitements immunodépresseurs sont d'une très grande utilité, mais ils n'ont qu'un rapport très lointain avec les problèmes quotidiens de l'herpès génital récidivant. Toutefois, et dans certains cas, plusieurs substances ont apparemment réussi à réduire la fréquence et la durée des poussées récurrentes. Mais c'est là un processus difficile à contrôler et qui met en jeu les nombreux facteurs impliqués dans les mécanismes de réactivation et de replication du virus. Nous allons maintenant analyser rapidement les principaux traitements, et les bases théoriques sur lesquelles ils reposent, et tenter ainsi d'atteindre les objectifs suivants :

- vous aider à déceler le vrai et le faux dans ce qu'on dit de ces traitements ;
- vous aider par conséquent à éviter les dommages physiques résultant du mauvais usage de tel ou tel médicament ;
- vous épargner le temps perdu à rechercher aveuglément les solutions à vos problèmes ;
- et finalement, vous aider à ne pas vous tourmenter quand vous avez manqué une soi-disant nouvelle « cure miracle ».

Les agents antiviraux

Ces agents s'opposant d'une certaine façon à la production des virus, sont destinés à bloquer l'action de ceux-ci — la perturbation au niveau des tissus périphériques et l'éruption.

Dans le domaine des maladies infectieuses en général, la technologie antivirale est actuellement la grande nouvelle voie. Toutefois, à cause du facteur de latence, il est plus difficile de s'attaquer à l'herpesvirus qu'à la plupart des autres virus. Voici quelques-uns des produits qui aident à combattre l'herpès.

L'acyclovir (Zovirax)

Approuvé en mars 1982 aux États-Unis par la F.D.A. *(Food and Drug Administration)*, l'onguent d'acyclovir est un bon agent antiviral, très utile en cas de primo-infections et pour les malades dont l'immunité est compromise. Son application en grande quantité s'est révélée efficace à contrôler les très graves réactivations qui peuvent survenir chez ce type de malades. Le mode d'administration du traitement ne convient pas aux poussées habituelles d'herpès récidivant, car il implique souvent l'utilisation de la voie intraveineuse ou l'application continuelle — et ceci n'est possible qu'avec une planification étroitement surveillée. Les résultats de l'étude de son utilisation pour le traitement de l'herpès génital récidivant montrent que l'acyclovir peut réduire la durée de la prolifération virale d'environ un jour, au cours d'une poussée récidivante. Les fabricants mettent actuellement sur pied toute une batterie d'études cliniques, destinées à déterminer si l'acyclovir peut réduire davantage encore la prolifération virale, quand on l'administre suffisamment tôt au cours d'une poussée. La base théorique est la suivante : si la totalité du virus est attaquée au moment de son « réveil », la poussée peut avorter, ou au moins être écourtée. Actuellement, rien ne permet de confirmer cette hypothèse. La réduction d'une journée seulement de la durée de la prolifération virale n'apporte en fait pas grand-chose, puisque l'éruption est toujours présente ; en outre, il est impossible de dire avec exactitude quand la prolifération a cessé, sans avoir recours à des prélèvements et à des cultures virales. Ce qu'on recherche surtout, c'est la diminution de la durée de l'éruption elle-même. Répétons-le, l'acyclovir ne peut pas attaquer le virus « dormant », par conséquent il ne peut contrer les récurrences, ni directement ni indirectement. Toutefois, il semble que, pour l'instant, le *Zovirax* fasse partie de ces produits à avoir à portée de main quand une poussée apparaît, ne serait-ce que comme complément au nettoiement et au dessèchement des plaies. Nous espérons que ce médicament pourra aider certaines personnes pendant quelque temps. Il est impossible de prédire ses effets à long terme, puisqu'il n'affecte pas la phase de latence. Son utilisation contribue-t-elle à accélérer le processus d'adaptation ? C'est là une autre question, à laquelle seules des recherches plus poussées fourniront peut-être une réponse. On fait en ce moment des études pour mettre au point une version orale de ce médicament.

L'idoxuridine (Stoxil, Herplex ou Iduviran)

L'idoxuridine est également un agent antiviral qui entre dans la composition des médicaments cités (et de quelques autres). Ces médicaments ont traité avec un certain succès l'herpès ophtalmique, mais n'ont eu aucun effet significatif sur l'évolution et la fréquence des poussées d'herpès génital.

La vidarabine (Ara-A ou Vira-A)

La vidarabine donne d'excellents résultats dans le traitement de l'herpès ophtalmique (kérato-conjonctivite herpétique) et de la méningo-encéphalite herpétique, mais n'a aucun effet sur l'évolution et la fréquence des poussées d'herpès génital. Ces deux derniers agents (idoxuridine et vidarabine) peuvent avoir des effets secondaires indésirables toxiques, quand on les administre aux doses nécessaires à l'obtention d'un certain impact sur les poussées d'herpès génital récidivant.

Le 2-Deoxy-D-Glucose (2 DG)

Ce médicament, autorisé actuellement au seul niveau expérimental, laisse augurer une certaine réussite, notamment en ce qui concerne les primo-infections. C'est un bon antiviral et il ne semble pas entraîner de complications sur le plan de la toxicité. Il a d'ailleurs connu un certain succès, avec un groupe choisi de femmes affectées de graves symptômes, mais on ignore toujours les facteurs responsables de ce succès. Il agit comme inhibiteur puissant du virus — quand il peut l'atteindre —, mais, encore une fois, il semble inactif pendant la phase de latence.

La ribavirine (Virazole)

Ce médicament n'est pas disponible aux É.-U. Rien ne prouve qu'il soit plus efficace que n'importe quel autre composé.

L'interféron

On fonde actuellement sur lui de grands espoirs, dans de nombreux secteurs des travaux sur les virus. Mais aucun résultat à ce jour ne permet d'affirmer qu'il a un effet bénéfique sur l'herpès récidivant. L'interféron est élaboré par les cellules du corps humain lui-même. Il semble qu'il soit plus bénéfique d'aider votre organisme à produire son propre interféron (en vous maintenant en bonne santé) que de le lui administrer de l'extérieur.

Les recherches de plus en plus nombreuses sur les virus ont permis la synthèse de ces médicaments antiviraux, ainsi qu'un certain progrès dans la connaissance des herpesvirus en général. Ces substances peuvent tuer les virus ou enrayer leur prolifération jusqu'à un certain degré, mais elles ne peuvent pas empêcher les récurrences. Malgré leur administration, une foule de facteurs régissent la durée des poussées récurrentes. Invariablement, l'adaptation s'installe avec le temps — avec ou sans l'aide d'un quelconque antiviral — et la fréquence et la durée des récurrences diminuent. La recherche antivirale permet de mieux comprendre les raisons de tous ces phénomènes, mais les tentatives de destruction du virus en phase de latence n'ont pas encore abouti.

Les antibiotiques

La **pénicilline** et la **tétracycline** n'ont aucun effet sur l'herpesvirus. Ce sont en effet des agents bactéricides, non des antiviraux. Malgré cela, on vient d'agréer, comme traitement de l'herpès, une variante de la spectinomycine *(La Trobicine)*. Mais en tant que client, faites bien attention ! Il vaut mieux que vous consultiez un médecin, lequel saura vous guider dans le dédale des index pharmacologiques.

Les corticostéroïdes, l'azote liquide et l'iodine de povidone *(Bétadine)*

Ils n'ont aucun effet démontré. Les corticostéroïdes en crème ou pommade, qui agissent comme anti-inflammatoires, sont déconseillés par les médecins et les chercheurs spécialisés dans les travaux sur l'herpès. C'est qu'ils peuvent effectivement retarder la guérison et finalement entraver le processus d'adaptation.

La modulation de l'immunité

La manipulation ou la modulation des réactions immunitaires constitue une autre méthode, par laquelle on tente d'aider globalement les mécanismes immunitaires naturels de l'organisme, de manière à chasser rapidement les virus et à diminuer la durée des récurrences. Une telle action peut réellement améliorer la santé de ceux dont les défenses immunitaires sont déficientes. Mais c'est un domaine qui exige un diagnostic spécifique et non pas l'administration au hasard de ces agents modulateurs de l'immunité, aux malades comme aux bien portants. Il y a en outre certains pièges à éviter. Ce genre de manipulation, à l'aide d'un médicament qu'il faut administrer avec un dosage précis, est trop délicate et parfois dramatique. En effet, quand on stimule un peu trop les réactions immunitaires, des conséquences préjudiciables remplacent parfois les effets bénéfiques escomptés.

Le B.C.G. (Bacille de Calmette et Guérin)

C'est un vaccin antituberculeux, qui permet d'accroître la réaction immunitaire globale, mais qui n'a aucun effet spécifique sur l'herpès.

Les vaccins antivariolique, antipoliomyélitique et les vaccins contre la grippe

Comme le B.C.G., ils accroissent la réaction immunitaire globale, mais ils ne contrent pas les récurrences et n'écourtent pas les poussées herpétiques.

La vaccination antiherpétique

Que ce soit avec l'herpesvirus vivant *(Lupidon G)* ou l'herpesvirus inactivé *(Lupidon H)*, cette vaccination est vouée à l'échec. Puisque le fait d'héberger le virus lui-même pendant sa phase latente ne met pas à l'abri de l'herpès, la vaccination non plus ne pourra produire aucun effet bénéfique.

L'isoprinisine (Inosiplex ou Méthisoprinol), le Lévamisole, l'extrait de thymus (Tymosin)

Tous ont la faculté de moduler le système immunitaire, mais n'ont aucun effet direct sur la réactivation de l'herpès ; toutefois, ils peuvent assister les réactions immunitaires, après que le virus ait été activé. Mais c'est là une aide peu significative, quand votre réaction immunitaire se situe dans les limites du normal. Par contre, leur effet sur les primo-infections semble un peu plus évident, puisqu'en ce cas, les défenses immunitaires sont souvent à la limite du normal.

Dans n'importe quel cas, vous avez affaire de toute façon aux processus de contrôle naturels de votre organisme qui, en général, opèrent efficacement. Sauf si vos réactions immunitaires sont sérieusement perturbées (en dehors des perturbations dues au stress, lequel diminue considérablement ces réactions immunitaires), toutes les substances étudiées ci-dessus n'ont qu'un effet limité — ou pas d'effet du tout — sur la grande majorité des infections herpétiques.

Les autres traitements

Le lithium

C'est une substance psychoanaleptique efficace, particulièrement dans les cas de troubles psychiatriques reliés à la dépression. Mais on ne peut pas sérieusement la prendre en considération, en ce qui concerne l'herpès. Il est vrai que son utilisation clinique a montré que, souvent, lorsque la dépression se dissipait, les symptômes de l'herpès étaient simultanément atténués. Cependant, le traitement général de la dépression est plus efficace à soulager l'herpès que ne peut l'être le lithium lui-même.

Les traitements par radiation

Il s'agit de l'application d'une teinture sur l'éruption et de son exposition aux rayons ultraviolets. Ce traitement est potentiellement dangereux, car il entraîne parfois une mutation du virus qui peut devenir cancérigène, dans certaines circonstances. Évitez à tout prix ce type de traitement.

Les traitements au laser

C'est une nouvelle technique de destruction des tissus infectés par l'herpès, grâce à l'utilisation des rayons laser. Cette méthode en est à ses premiers pas et, là encore, rien ne prouve qu'elle permette de prévenir les récurrences. Toutefois, elle pourrait servir à traiter les primo-infections.

Le sulfoxyde de diméthyle-DMSO

(Kemsol ou Dromisol)

C'est un simple « véhicule » qui peut aider les autres substances — bonnes ou mauvaises — à pénétrer plus en profondeur dans les tissus du corps. Cette propriété ne semble pas jouer un rôle significatif dans le transport des substances qui luttent contre l'herpès. Par lui-même, il n'est d'aucune efficacité ; à fortes doses, il peut même être dangereux.

Le monophosphate d'adénosine-AMP

Cette substance, qu'on trouve à l'état naturel, joue un rôle important dans la réaction des cellules et le métabolisme. On a remarqué que, chez certaines personnes affectées assez gravement par l'herpès, la teneur sanguine de ce composé était faible. Le mode d'action de l'AMP semble avoir aidé ces gens à retrouver la normale dans ce domaine. Actuellement, rien ne permet de savoir si l'utilisation de l'AMP a une action quelconque sur d'autres dérèglements. Mais, ici encore, l'adaptation naturelle de l'organisme semble se charger du rétablissement du taux normal d'AMP, et ce d'une façon beaucoup plus efficace, à la longue, qu'un traitement par injections. L'AMP semble avoir une réelle utilité immédiate dans les cas difficiles. Mais on n'a pas encore mis au point les tests adéquats, si bien qu'on ignore encore tout de ses effets à long terme. On ne peut donc pas encore déterminer le rôle de l'effet placebo.

Le sulfate de zinc (Herpigon)

Ce composé semble posséder certaines propriétés antivirales mais, comme les autres antiviraux, il ne peut pas s'attaquer aux récurrences. Il n'est donc pas à la hauteur des espoirs que son nom fait naître.

L'éther, l'alcool et l'acétone

Ce sont des solvants qui dessèchent les lésions et tuent le virus. Ils piquent ou brûlent sur les tissus sensibles — l'éther en particulier. Rien n'autorise à déclarer qu'ils écourtent les poussées ; toutefois, ils permettent d'éviter le développement des infections secondaires dans la zone affectée et le fait qu'ils dessèchent les plaies aide à enrayer la prolifération du virus. En outre, l'alcool est très bon marché !

Les gelées spermicides

Le **nonoxynol-9** (*Delfen* ou *Ortho-delfen*), qui entre communément dans la composition des gelées spermicides, semble posséder des propriétés antivirales. Il peut protéger contre une faible prolifération du virus.

Les agents diététiques

En général, certaines modifications des processus corporels entraînent la nécessité d'une diète, et ce dans des conditions particulières. Mais tenter d'attaquer l'herpès — dans un organisme par ailleurs en bonne santé — par l'administration de doses massives d'éléments nutritifs simples (comme les vitamines **C, E, A,** les minéraux tels le magnésium ou le zinc, les acides aminés, etc.) semble n'avoir aucun effet — ou si peu. Cependant, certaines situations peuvent entraîner des déficiences qui affectent les mécanismes du système immunitaire et de la restauration des cellules : c'est ce qui se produit en cas de stress chronique ou d'habitudes alimentaires anormales. L'objectif, ici, c'est davantage de compenser les déficiences que de compléter inutilement une bonne nutrition générale. En fait, cet apport massif d'éléments nutritifs fait courir le risque de jouer en faveur du virus. Par exemple, la vitamine **E** est une substance magnifique qui permet d'accroître la résistance générale aux infections mais, à doses excessives, elle peut favoriser l'inhibition de nombreuses réactions immunitaires. Le retour à une bonne alimentation plurivitaminée semble être une solution sage et efficace. Il serait imprudent de tenter quoi que ce soit d'autre sans consulter le médecin.

La lysine

C'est un acide aminé simple, auquel on a prêté une attention considérable, parce qu'il est à la fois bon marché et facilement disponible. Il a été démontré que la lysine s'opposait au développement du virus : elle semble en effet bloquer l'utilisation d'un autre acide aminé, l'arginine, nécessaire à la production du virus. On a montré que la proportion de lysine et d'arginine était un facteur déterminant dans la croissance *in vitro* du virus (*in vitro* : hors de l'organisme, en laboratoire). La lysine et l'arginine sont essentielles à de nombreuses réactions de l'organisme ; on les trouve en grande quantité dans une alimentation normalement équilibrée (la lysine dans la viande rouge, les pommes de terre, la levure de bière et le lait ; l'arginine dans le chocolat, les noix et les céréales crues). Aucun résultat définitif ne prouve que la modification de l'équilibre entre lysine et arginine affecte les récurrences ; pourtant, les témoignages subjectifs de milliers de victimes de l'herpès semblent confirmer l'hypothèse selon laquelle les suppléments de lysine permettent de diminuer les symptômes. Pour l'instant, et puisqu'aucune preuve clinique ne vient étayer cette hypothèse, nous nous contenterons de classer la lysine parmi les grands placebos.

Pour conclure, nous allons tenter de résumer les points importants qui se dégagent de cette exploration de la pharmacopée.

• *Les antiviraux et la recherche antivirale permettent d'afficher un certain optimisme en ce qui concerne l'avenir.* On a réalisé de grands progrès dans le traitement de l'herpès ophtalmique, de la méningo-encéphalite herpétique et de l'herpès chez les malades dont l'immunité est compromise. On ne peut pas dire qu'il existe une substance quelconque capable d'empêcher ces poussées d'herpès génital ou labial, même si certaines ont pu aider quelques personnes. On peut réduire la prolifération virale, mais c'est là un apport bien mince, tant que l'éruption est présente.

- *Les connaissances actuelles, en évolution constante, ainsi que les lacunes dans le savoir, semblent indiquer qu'il n'est pas raisonnable de jouer avec les vaccins et autres agents de modulation de l'immunité.* Pour certains cas, plus graves qu'ils ne devraient normalement l'être, il semble que la recherche des déficiences de la fonction immunitaire soit une voie intéressante à explorer. Cependant, dans ces cas, les perturbations sont bien souvent reliées au stress chronique. L'élimination du stress suffit la plupart du temps à ramener les réactions immunitaires à la normale et, par conséquent, à atténuer automatiquement les symptômes de l'herpès.

- *Les approches diététiques ne sont pas non plus d'une grande utilité.* Les suppléments nutritifs d'une diète normale ne pourront vraisemblablement rien faire contre l'herpès ; par contre, la résolution de certains problèmes diététiques peut avoir des effets non négligeables.

En substance, on peut affirmer que, bien que certains produits puissent aider l'organisme à combattre l'herpès, aucun ne peut attaquer le virus en phase de latence.

Chapitre VII

Les problèmes personnels

Certains problèmes personnels accompagnent fréquemment l'herpès ; vous pouvez pourtant soit les éviter, soit les régler aisément lorsqu'ils surviennent. Mais pour cela, vous devez absolument prendre connaissance de certains points importans, que vous soyez déjà affecté, que vous ayez de fortes chances de contracter l'herpès à l'avenir ou que vous fréquentiez des gens effectivement victimes d'herpès récidivant.

Vous devez vous rappeler que le processus global se réduit à un processus d'adaptation — une adaptation physique, qui prend un certain temps, et une adaptation émotionnelle à l'éventualité de vivre avec des interruptions occasionnelles de l'exercice de votre liberté sexuelle et de votre spontanéité. Un point, c'est tout.

Les victimes de l'herpès, pouvant avoir des réactions émotives distinctes, se répartissent en trois groupes principaux. Tout d'abord, on rencontre ceux qui développent une infection récurrente accompagnée d'effets si minimes qu'ils affectent à peine leur vie personnelle : leur principal problème se réduit à des préoccupations occasionnelles concernant la prévention. De loin, ces gens constituent le groupe le plus important. La plupart des gens ont été exposés à l'herpesvirus de type 1 (herpès labial), sans avoir jamais eu à affronter aucun problème sérieux : ce fait permet de déduire que le même phénomène se produit probablement dans la majorité des cas d'herpès génital. Après une primo-infection, les symptômes sont en général rares et mineurs, tout dépend de l'interaction entre la quantité de virus et la résistance, l'immunité et le type de la personne atteinte. Un autre facteur important vient bien sûr s'ajouter à cela : nombre de gens sont probablement des agents de propagation de l'herpès parce que, croient-ils, ils n'ont que « ces petites marques rouges une fois, pendant un certain temps, ce qui n'a rien d'inquiétant ». Un minimum d'éducation du public ferait énormément de bien dans ce domaine !

Viennent ensuite ceux qui, développant des infections récurrentes, prennent les précautions qui s'imposent, aidés en cela par une bonne information et des conseils judicieux : ils adaptent leur mode de vie en conséquence et acceptent que leur vie quotidienne soit légèrement désorganisée.

Enfin, on trouve ceux dont les infections récurrentes affectent beaucoup plus sérieusement le mode de vie et la liberté : elles amplifient leurs craintes et leurs angoisses à un point tel que de réelles — et parfois graves — difficultés d'adaptation surgissent.

Le présent chapitre s'adresse donc surtout à ceux qui appartiennent à ce dernier groupe ; toutefois, il se propose également d'informer le grand public sur les moyens de résoudre ces problèmes personnels.

Mis à part les complications physiques éventuelles, le principal problème relié à l'herpès ne découle pas tant du virus lui-même que de la manière dont il peut engendrer les craintes, doutes et perturbations qui affectent la vie quotidienne et la planification des activités — notamment en ce qui concerne les relations interpersonnelles. Fort heureusement, on peut réduire considérablement ces effets négatifs, même dans les cas où le fait de contracter l'herpès et d'envisager les récurrences crée un choc initial grave et complexe chez les victimes.

L'herpès peut engendrer des problèmes de plusieurs manières. Les craintes relatives à la contagion, à l'accouchement et aux complications physiques sont normales et logiques ; il serait absurde de les écarter avec trop de légèreté. On peut toutefois, comme on l'a vu dans les chapitres précédents, les aborder rationnellement et s'en occuper sérieusement. Malheureusement, les médias ont contribué à alimenter ces craintes et à leur donner des dimensions exagérées. Des titres sensationnels, comme « Le sexe vous rend malade » (du défunt *Soho News* de New York) ou « L'herpès : la nouvelle lèpre sexuelle » (du magazine *Time*), accroissent probablement les ventes, mais s'ils inspirent une crainte inutile à ceux qui n'ont pas contracté l'herpès génital, ils déclenchent une fureur meurtrière chez certaines des victimes ! Ce genre d'histoire tend à attiser et à prolonger les angoisses concernant les difficultés d'ordre relationnel, alors qu'en fait on peut efficacement prendre ces difficultés en main et les surmonter.

Le manque d'information adéquate a également une part de responsabilité dans tout cela, ainsi que le mode de présentation de l'information. Il est primordial de reconnaître que présenter la notion de « récurrence » entraîne la nécessité inéluctable de fournir en même temps une information juste et utilisable, qui permette d'apaiser les préoccupations compréhensibles concernant l'intimité avec autrui. Les réactions émotives dues à l'herpès sont tout à fait naturelles, mais on doit les situer dans une juste perspective quand on veut informer les gens sur l'herpès. N'oubliez pas que nous traitons là d'un des plus sérieux effets secondaires de l'herpès et que notre objectif est encore et toujours la recherche positive d'une réussite satisfaisante dans vos relations interpersonnelles.

Les réactions émotives dues à l'herpès s'étendent sur une vaste gamme et leurs principales manifestations sont les suivantes : sentiment d'isolement et repli sur soi ; obsession concernant l'herpès ; impression que l'herpès envahit tous les domaines de l'existence ; sentiment de gêne, de culpabilité ou de honte ; dépression reliée au sentiment d'abandon, à l'impression que les relations vont devenir difficiles, sinon impossibles, et à la crainte du rejet d'autrui.

Il est tout à fait normal que vous éprouviez, à un moment ou à un autre, certains de ces sentiments — ou même la totalité — mais il est anormal que cela persiste trop longtemps. Toutefois, cela ne devrait pas se produire — et ne se produira pas effectivement — si vous pouvez identifier rapidement ces sentiments et vous en occuper directement.

L'herpès et les craintes concernant les relations interpersonnelles

L'herpès génital, par définition et par sa nature même, est une infection reliée à la sexualité ; c'est pourquoi on le perçoit souvent plus comme une maladie de la sexualité que comme une éruption se produisant sur les organes génitaux. La distinction est importante : il se peut que vos moyens d'assumer votre sexualité soient parfois affectés, mais votre sexualité *per se* ne l'est jamais. Malheureusement, il est quelquefois difficile de ne pas mêler ces deux notions : c'est alors que vous pouvez développer un véritable syndrome de réactions émotivement négatives. Les pensées concernant la contagion peuvent entraîner deux types de réactions : la peur continuelle et envahissante de propager l'herpès, et la conviction que votre sexualité en général est irrémédiablement détériorée. À leur tour, ces réactions peuvent engendrer toute une gamme de sentiments négatifs, bien plus pernicieux que le virus lui-même, et des comportements qui viennent renforcer ces sentiments : c'est le cercle vicieux qui s'installe.

L'éducation et les conceptions en vigueur dans la société sont en grande partie responsables de l'apparition de ces problèmes. Dans nos sociétés, on n'aborde pas le sexe et la sexualité de la même manière que les autres domaines de l'existence : ce sont encore des domaines enveloppés de mystère et dont on ne parle qu'en secret. En outre — et c'est là encore le résultat d'une certaine conception inhérente à notre culture — les hommes affectés d'herpès sont souvent soucieux de l'impact possible sur leurs performances sexuelles.

Vous pouvez ainsi vous mettre à penser que l'herpès a détérioré votre sexualité ; par conséquent, vous vous croyez différent de ce que vous étiez et vous commencez à vous mésestimer. Vous avez alors des difficultés à traiter avec autrui et vous estimez que l'herpès vous interdit toute intimité avec vos semblables. Vous avez l'impression d'être moins libre qu'auparavant, parce que vous vous sentez diminué et avili. Par conséquent, vous décidez de vous retirer du jeu, puisque votre sexualité est dégradée, *puisque vous avez l'herpès*. Le cercle vicieux apparaît clairement dans cet enchaînement de sentiments, de réactions et de comportements.

Vous pouvez en outre éprouver effectivement des sentiments étroitement mêlés de gêne, de honte et même de culpabilité, qui vous poussent à éviter les contacts sociaux. Certaines personnes développent une phobie du rejet d'autrui, parce que l'herpès a considérablement diminué chez elles l'impression d'être attrayant et désirable et qu'il a affecté leur estime de soi. D'autres traversent des périodes de dépression et de sentiment d'abandon, ou bien se mettent à dévorer avec avidité les publications médicales les plus variées ; ils deviennent rapidement « experts » — sur certains points de détail — en biochimie, immunologie, virologie et autres sciences en « ologie », mais le résultat est toujours le même : l'énergie dépensée n'aboutit qu'à davantage de déception, de frustration et d'inquiétude.

L'impact de l'herpès sur l'affectivité peut provoquer directement ces dysfonctionnements sexuels et sociaux. Nous devons toutefois préciser que ces dépressions, sentiments d'abandon et de perte de la liberté individuelle et du droit au rêve, sont des réactions tout à fait naturelles. Ce sont des réactions émotives aux mythes, craintes et réprobations sociales, intimement liés à l'herpès. Mais ces réactions apparaissent également avec d'autres troubles physiques récurrents ou chroniques, ou avec les problèmes de l'existence en général — lesquels semblent parfois insurmontables, jusqu'à ce qu'on les comprenne et les affronte. Finalement, c'est le fait qu'il soit associé à la sexualité qui constitue la différence fondamentale entre l'herpès et les divers autres troubles.

Même les individus les mieux adaptés et psychologiquement équilibrés ne sont pas à l'abri de ce syndrome affectif — en partie ou en totalité. Toutes sortes de causes culturelles et sociales favorisent l'interaction entre les aspects physiques et psychologiques d'une maladie comme l'herpès, et ce particulièrement parce que cette maladie apparaît le plus souvent aux périodes pendant lesquelles on éprouve des émotions d'ordre sexuel. On tend à se concentrer exclusivement sur la quête du traitement radical des aspects physiques de l'herpès ; ainsi, les problèmes moins concrets relatifs aux aspects psychologiques de la maladie sont-ils engloutis par la technologie pharmacologique et la recherche du traitement. Votre tâche consiste donc à identifier vos sentiments et émotions, à traiter avec eux et à tenter de vivre aussi rapidement, raisonnablement et judicieusement que possible.

Quelques impressions communément répandues

Même s'il entraîne un certain inconfort pendant ou avant les récurrences, l'herpès ne rend ni impuissant, ni stérile et ne provoque aucune déficience neurologique ! Mais il est fort possible qu'il affecte vos émotions au point de causer une impuissance passagère ou une perte d'appétit sexuel.

L'herpès a la capacité non négligeable de s'attaquer aux préoccupations et aux modes d'expression des émotions des gens, et de les amplifier. Par exemple, les préoccupations concernant la contagion découlent d'une réaction émotive normale, alors que la culpabilité est inutile — comme elle l'est d'ailleurs dans la plupart des autres situations de la vie. Le sentiment d'être puni — à juste titre ou pas — est non seulement stérile, mais carrément destructeur. La culpabilité s'alimente à de nombreuses sources, dans notre type de culture, et le fait de contracter l'herpès peut bien souvent réactiver d'autres sentiments de culpabilité relatifs à votre corps, votre conduite, etc.

L'impression d'être contaminé en permanence puise d'ailleurs aux mêmes sources. Mais maintenant que vous savez ce qu'il faut faire avec le problème de la contagion, il est inutile que vous conserviez cette impression. *Il vous faut à tout prix dissocier l'herpès et votre relation avec l'herpès des autres domaines de votre existence.*

La colère aussi est naturelle et vous devez l'exprimer, mais ne la retournez pas contre vous-même ! Cela n'entraîne que le dégoût de soi et davantage de colère. La quête désespérée des traitements a invariablement pour conséquence, soit un accroissement de la déception et du sentiment de frustration, soit une exacerbation de la colère et de la dépression. La colère envers l'herpès diminue automatiquement et proportionnellement à votre faculté d'adaptation et à votre capacité de coexister avec l'herpès et de le contrôler — comme cela se passerait avec n'importe quel autre agent perturbateur de votre existence. Mais manifestez votre courroux par tous les moyens, car vous avez raison de penser que le développement de la recherche, en vue de trouver un traitement curatif de l'herpès, est une nécessité urgente (voir à ce sujet la partie traitant des ressources). Et vous avez probablement raison de vous irriter de certains autres aspects relatifs à l'herpès. Mais pour l'instant, canalisez cette grande énergie pour mieux relever les défis que l'herpès vous a lancés.

La peur du rejet d'autrui est très répandue, probablement parce que l'herpès peut commencer à saper l'image de soi, sur le plan de la sexualité. La valeur que s'accordent certaines personnes est entièrement dépendante de leur sexualité. Si vous appartenez à cette catégorie, l'herpès risque de vous poser de graves problèmes, difficiles à résoudre. Cependant, cela ne devrait pas être, et ce pour deux bonnes raisons : tout d'abord, vous en savez maintenant beaucoup sur la contagion et sur les moyens de la combattre, ensuite, vous savez que vous pouvez faire à peu près ce que vous désirez, entre les poussées d'herpès. En fait, vous pouvez même également en faire beaucoup pendant les poussées (en matière d'intimité), si vous faites preuve d'un minimum d'attention et de créativité.

Si vous êtes célibataire, la peur liée à l'herpès peut même vous jouer plus d'un tour. Cette peur est en partie basée sur un sentiment d'incomplétude, ou sur l'anxiété provoquée par l'éventualité d'une performance, soit mauvaise, soit mal synchronisée.

Malgré la mode et le succès de tout ce qui a trait aux phénomènes de « relation » et de « communication », il est encore difficile pour certaines personnes de faire preuve d'une réelle authenticité quand il leur faut parler de leurs besoins et désirs intimes. Le premier contact sexuel, entre des personnes qui ne se connaissent pas encore bien mutuellement, est rarement dénué d'anxiété ; l'un ou l'autre des partenaires (ou les deux) ont généralement des espoirs et des craintes particulières.

Bien souvent, la performance et certains autres types d'attentes étant impliqués, on passe à côté du bien-être, de la tranquillité et de la simple passion mutuelle. Par conséquent, chez la victime de l'herpès, l'anxiété concernant la performance — bien que totalement indépendante de l'herpès — peut accroître la peur supplémentaire et l'anxiété directement imputables à l'herpès.

Qu'advient-il de quelqu'un d'autre qui doit s'accommoder du fait que vous ayez l'herpès ? Vous pouvez avoir l'impression que personne ne désire vous soigner, ni dormir avec vous, ni avoir affaire à vous quand vous avez l'herpès. Effectivement, personne n'éprouve le besoin de vous soigner et, de toute façon, vous n'avez pas à vous soigner outre mesure, une fois que vous êtes adapté à l'herpès. Mais un peu de compréhension, de consolation et d'encouragement font partie de ces choses que les amis et les amoureux peuvent aisément prodiguer ; espérer cela n'a rien d'exagéré. Si, dans le cadre d'une relation, vous ne pouvez pas obtenir un peu de tout cela, c'est que le choix de votre partenaire n'est probablement pas judicieux...

La première discussion sérieuse, avec un partenaire que vous souhaitez garder longtemps, doit vous permettre d'abattre la barrière psychologique qui se dresse éventuellement, du fait de l'herpès (nous verrons, au chapitre suivant, comment procéder exactement). Après quoi, les autres choses s'ajusteront. Il est certain que les rejets entraînent des déceptions, mais d'autres circonstances de l'existence le font tout autant. Toutefois, il est possible aussi bien d'annuler la tendance à un éventuel rejet (nous avons été témoin de ce phénomène chez des couples établis, comme chez des gens qui se rencontraient pour la première fois) que de présenter les choses de telle sorte que l'interlocuteur prenne la fuite (ce qui arrive rarement quand l'herpès n'est pas en jeu). Si nous nous basons sur notre expérience, dans le traitement des hommes et des femmes victimes de l'herpès, nous pouvons affirmer sans ambiguïté que ces gens considèrent l'obligation de révéler leur état comme l'étape la plus difficile du processus d'adaptation — et ce, la plupart du temps, à cause de la peur du rejet d'autrui. Mais notre même expérience montre aussi que, généralement, on peut rapidement surmonter cet obstacle.

Nous avons rencontré des situations où le rejet était attribué à l'herpès, alors que celui-ci n'en était pas responsable ; nous avons vu des couples se séparer quand l'un ou l'autre des partenaires contractait l'herpès alors que, là encore, celui-ci n'y était pour rien — bien que parfois, il ait été un bouc émissaire tout désigné ! Mais jamais nous n'avons vu l'herpès *per se* briser une relation ou nuire au développement d'une autre, sauf dans certains cas spéciaux accompagnés de symptômes extrêmes.

Les gens qui affrontent effectivement les difficultés personnelles et émotionnelles finissent par les surmonter. Ils entrent en relation avec autrui, rompent ou poursuivent leurs relations — sexuelles ou autres — débordent de vitalité et sont libérés de la dépression et du doute de soi dus à l'herpès.

Le véritable danger, c'est de permettre au syndrome émotionnel de devenir plus puissant et plus récurrent que l'éruption elle-même.

Chapitre VIII

Comment parler de l'herpès avec les partenaires et les amis

Puisque l'herpès est destiné à vous ennuyer, soit sur le plan physique, soit sur le plan émotif, vous ne pourrez pas le cacher indéfiniment : il finira par émerger à un moment donné, alors que vous serez en relation avec autrui. Si vous êtes parvenu à un moment de votre existence où vous recherchez les relations durables plus que les rencontres occasionnelles, il est important que vous soyez apte à parler de l'herpès de la manière la moins menaçante possible. Bien que la manière parfaite n'existe pas, il en est cependant qui sont meilleures que d'autres. Adaptez les directives et les stratégies suggérées dans ce chapitre à votre style personnel, et tout ira bien !

Comment pouvez-vous vous préparer à parler de l'herpès à un futur partenaire ? Vous devez d'abord connaître les symptômes physiques et leurs antidotes (voir chapitres 1 à 5). Souvenez-vous en particulier que vous pouvez assez aisément surmonter les problèmes de contagion et les complications physiques. Les données cliniques révèlent que la plupart des gens bien informés sur l'herpès ne le transmettent pas à leurs partenaires, dans le cadre de leurs relations. Le problème de la transmission de l'herpès en général est avant tout un problème d'ignorance et de négligence. Le risque de transmission de l'herpès à un partenaire est minime, si une coopération mutuelle et une participation éclairée président à la relation.

Vous devez pouvoir contrôler raisonnablement l'herpès dans votre vie quotidienne et ne jamais perdre le contact, ni avec vos propres émotions, ni avec ce que l'herpès implique pour vous. Vous connaissez maintenant vos propres *patterns,* et le mode de résolution de vos problèmes physiques est au point. Ces réalisations transparaîtront quand vous parlerez aux autres. Ne niez pas que l'herpès puisse être un fléau maudit capable de limiter parfois votre liberté — comme d'autres choses d'ailleurs, tels votre travail ou vos états d'âme.

*Vous n'êtes pas **herpétique** !* En fait, ce mot ne devrait pas exister. L'herpès n'est qu'une infime partie de vous-même.

Demandez-vous également de quelle manière vous parlez habituellement aux autres de ce qui est important pour vous. Ne changez pas de style maintenant, sauf si par le passé, il s'est avéré inefficace. Votre style habituel a-t-il tendance à vous exposer au rejet d'autrui ? Certaines personnes sont naturellement affligées d'un tel style et l'opprobre dont la société couvre l'herpès amplifie parfois ce handicap. Vous devez à tout prix éviter ce piège-là.

Vous devez reconnaître et accepter que, lors de vos premiers rapports sexuels avec un *nouveau* partenaire, vous éprouverez une certaine anxiété qui n'a rien à voir avec l'herpès. Alors, de grâce, ne vous inquiétez pas de vos performances ! Sentez-vous simplement à l'aise en compagnie de votre partenaire : votre moi ne réside pas uniquement dans vos organes sexuels... Rappelez-vous enfin que l'herpès ne provoque qu'occasionnellement des diminutions de l'activité sexuelle.

Essayez de connaître votre partenaire, ne serait-ce qu'un peu (rassurez-vous, nous ne sommes pas en train de faire un sermon sur la moralité !). Tentez simplement de saisir comment votre partenaire répond à vos besoins et à vos éventuelles bizarreries, et réciproquement. En d'autres mots, établissez intuitivement une confiance mutuelle.

Quand et de quelle façon devriez-vous parler de l'herpès ? Choisissez de préférence un moment calme et un endroit confortable, où vous vous sentirez à l'aise pour répondre aux questions précises et probablement intimes qu'on vous posera : par exemple, un moment de détente à la maison ou une promenade. Mais ne choisissez pas de traiter cette question pendant un cocktail, ou dès le début d'un coït ! Ce sont des moments à prohiber catégoriquement...

Faites bien attention de ne pas laisser vos divers autres besoins — d'approbation, d'affection, de validation de votre identité — se mettre en travers de votre chemin. Prenez la situation bien en main et prévoyez toutes les éventualités. Vous pouvez même faire une « répétition » avec vos amis : cela vous redonnera confiance en vous et vous fournira une rétroaction *(feedback)* intéressante sur vous-même et sur votre manière de vivre vos relations avec autrui. Ce genre d'information peut en effet vous être très précieux. Débattre de ces choses ne guérit certes pas l'herpès lui-même, mais cela aide effectivement à soulager tout un ensemble de distorsions émotionnelles insaisissables et d'anxiétés dissimulées.

Maintenant que vous avez mis tous les atouts de votre côté, recherchez le moment et la situation propices et abordez sans détour le sujet, simplement et calmement. Il est inutile que vous hâtiez les événements et que vous abordiez le sujet dès que vous rencontrez quelqu'un qui vous plaît. Il est préférable que vous attendiez un peu, étant donné que certaines personnes ont tendance à juger hâtivement les autres en fonction d'idées préconçues et peu nuancées. Si vous abordez le sujet trop tôt, cela pourrait paraître présomptueux — vous donneriez l'impression que vous présumez faire l'amour, alors que rien n'est plus probable ! Ou bien, cela vous ferait passer pour cynique, en ce sens que, si vous révélez à quelqu'un les pires calamités dont vous êtes affligé et que cette personne vous accepte malgré tout dans son intimité, c'est à ses risques et périls, tandis que vous, vous avez la conscience tranquille... Cela ne semble pas constituer un moyen efficace de se faire des amis, d'influencer les gens ou d'établir une relation.

Un cas typique illustrera mieux que de longues dissertations les nombreuses difficultés auxquelles se heurte celui qui veut « raconter » l'herpès à autrui. Dan — c'est un pseudonyme — est tombé dans le piège classique : malgré les meilleures intentions du monde, il s'est offert lui-même en holocauste au rejet d'autrui. Il contracta accidentellement l'herpès après une quelconque soirée, mais il décida fermement que le virus ne régenterait pas son existence. Dan « solutionna » à sa façon le problème des récurrences : il choisit de n'en parler à personne ; en outre, il s'arrangea pour n'avoir de relations intimes que lorsqu'aucun symptôme ne se manifestait. Il put ainsi tenir l'herpès à l'écart de sa vie privée pendant un an et demi, si bien que personne n'en eut connaissance. Mais les diverses déceptions commençant à le déprimer, il se mit à souhaiter réellement se fixer un peu.

Il rencontra quelqu'une qui lui plut particulièrement, l'invita à déjeuner et décida que c'était pour lui le moment de se jeter à l'eau — ce qu'il avait soigneusement évité de faire jusque-là. À leur premier dîner, Dan, avec sa franchise coutumière, déclara* : « J'sais qu' j'te plais, poulette, mais j'ai un secret à t'dire, qui m'turlupinait jusqu'à c'qu'on s'rencontre. J'ai l'herpès, ouais ! Mais j'ai gambergé qu'ce s'rait mieux si tu l'savais tout d'suite. Maintenant, faut pas

---

* N. du T. : intonations Humphrey Bogart-Woody Allen, s.v.p.

qu'tu t'inquiètes, hein ! C'est pas un truc si terrible que ça !
J'te l'dis juste pour qu'y ait pas d'embrouille, quoi ! J'voulais te l'dire carrément, pasque si on doit mieux s'connaître
tous les deux, hein ! Ben, faudra qu'tu t'arranges avec ça et
qu'tu t'en occupes »...

Bien évidemment, Mary — c'est aussi un pseudonyme
— prit plutôt peur et fut quelque peu troublée.

Malgré ce préambule quelque peu cavalier, Dan aurait pu encore sauver la situation, à ce stade (cela aurait
probablement été difficile, mais pas impossible) ; il aurait
fallu pour cela qu'il puisse convaincre sa nouvelle amie
qu'il était capable d'assumer la responsabilité de sa maladie, sans lui imposer la prise en charge d'une grosse partie
de ce fardeau. Mais, comme cela se produit souvent
pendant ce genre de plaidoyer, Dan se laissa emporter par
son sentiment d'abandon et surtout par sa colère envers les
« maudits docteurs et chercheurs » et la fille qui l'avait
contaminé.

Mary compatissait sincèrement. Pour Dan, il était
évident qu'elle était amoureuse de lui, malgré la catastrophe qui lui arrivait. Mais la partie était d'ores et déjà
perdue. En effet, quoique bien disposée à l'égard de tout
cela, Mary ne voulait pas cependant se charger de la
responsabilité que Dan lui proposait de prendre ; comme
il fallait s'y attendre, quelques jours plus tard, elle mit fin
poliment à la relation par téléphone...

Vous pouvez aisément imaginer la suite. Dan, en
accord avec sa personnalité et sa manière de se prendre en
charge, joua très serré. Il était d'ailleurs certainement
honnête au plus haut point. En ce sens, son histoire est
riche d'enseignements. Juste avant de contracter l'herpès,
Dan avait rompu une relation sérieuse. Quand il rencontra
Mary, il était déprimé, pas très sûr de lui, « dans ses petits
souliers », bien que tout cela fut dissimulé à merveille par
son charme naturel et son attrait. Mais sa conversation
trahissait son véritable état d'esprit — l'herpès était une
garce de maladie ! Il en avait réellement bavé, etc. Il était
irrité au plus haut degré contre les médecins, les cher-

cheurs et la vie en général ; finalement, il était furieux à l'extrême.

Puis vint pour lui le temps de canaliser cette colère légitime, pour mieux affronter la réalité. Dan choisit donc de présenter à Mary toutes les possibilités concernant l'herpès. Il était incapable de l'assumer, peut-être pourrait-elle le faire à sa place ? Ce genre de marché était voué à l'échec. Ce qui arriva effectivement et confirma la légitimité de la colère et des craintes de Dan : les choses ne seraient jamais plus comme avant, il serait beaucoup plus simple de ne plus rechercher de nouvelles relations amicales, etc. Naturellement, ce genre d'expérience malheureuse alimente profondément le sentiment d'abandon, ainsi que la conviction que les relations humaines sont impuissantes à aider qui que ce soit.

Quand Dan vint nous consulter, il était, selon son expression, « au plus bas ». Il voulait un *traitement sur-le-champ* et il était prêt à remuer ciel et terre pour l'obtenir. À qui pouvait-il s'adresser ?

Nous ne mîmes pas bien longtemps à dégager les points importants et Dan reconnut rapidement sa responsabilité dans les événements. Il était prêt à essayer de nouveau. Il se réconcilia avec l'herpès, puisqu'il ne pouvait pas effacer le passé : l'herpès serait un tracas pour lui, mais il se sentait prêt à le prendre en charge. Et, en toute sincérité, il s'occupa beaucoup plus attentivement et adroitement de son entreprise suivante, malgré les risques éventuels. Pourquoi fournirait-il aux autres les meilleures raisons au monde de le fuir ?

Il rencontra Jane (c'est encore un pseudonyme) ; il était alors assez bien dans sa peau pour sentir qu'elle n'était pas uniquement attirée sexuellement par lui, mais qu'elle semblait lui accorder également une certaine confiance — probablement parce qu'il avait acquis lui-même confiance en lui, sûr qu'il était de n'avoir rien à cacher. Il avait tiré de son ancienne liaison et de sa récente expérience avec Mary des enseignements utiles.

Cette fois donc, il adopta une approche différente. Au cours d'une conversation qui avait pour thème les hommes, les femmes et les relations amoureuses, il fut capable de glisser, en utilisant un niveau de langue plus châtié : « Je suis certain que vous avez entendu parler de l'herpès, vous savez, ce virus qui donne des boutons de fièvre » (effectivement, de nos jours, il est difficile de ne pas être au courant, avec le battage que font les médias autour de ce sujet). Ainsi, tout naturellement, la conversation prit un tour qui permit à Dan d'ajouter que, malgré le caractère relativement terrifiant de certains cas rapportés, « ce peut être une maladie grave, comme ce peut ne pas l'être. J'ai contracté moi-même l'herpès, il y a deux ans. Si à l'époque, j'avais su ce que je sais maintenant, cela aurait été réellement beaucoup plus facile pour moi. Je suis bien content que, finalement, les spécialistes aient découvert ce qu'il en était effectivement de cette maladie ».

Ce faisant, c'est avec un minimum de risques que Dan réussit à établir le contact avec Jane, à éveiller son intérêt et à obtenir son implication. Il put aisément lui parler de prévention, sans citer pour autant les plus récents rapports d'études. Il lui demanda plutôt si elle voulait en savoir davantage sur l'herpès et il sollicita sa confiance. Il parvint même à rire de la voie apparemment ridicule qu'il avait adoptée pour se mieux connaître.

Cette fois, sa nouvelle amie ne fut pas rebutée. Au contraire, elle eut l'impression que Dan lui avait brossé un tableau objectif des problèmes posés par l'herpès ; elle savait maintenant qu'on pouvait se laisser dominer par l'herpès, si on n'y prenait garde, mais aussi qu'on pouvait assez facilement le contrôler. Il ne leur fut donc pas bien difficile de mettre au point ensemble les moyens de contrer les éventuels risques de contagion (ainsi d'ailleurs que les émotions négatives que la peur de la contagion peut engendrer).

Puisque tous deux se sentaient concernés, ils surent tirer parti de leur expérience pour découvrir petit à petit leurs sentiments respectifs et, ultérieurement, leurs corps.

Si nous avons pris le cas de Dan comme exemple à la fois d'échec et de succès, c'est qu'il illustre bien un grand nombre des problèmes fondamentaux rencontrés par ceux qui décident de révéler à autrui le fait qu'ils ont contracté l'herpès (c'est le cas pour un peu plus de 30 p. cent des personnes des deux sexes, que nous avons reçues à notre cabinet). On peut bien se prénommer Dan ou Dana, Mary ou Mark, Jane ou Jeff, cela importe peu ; chacun doit avant tout régler les problèmes posés par sa relation avec l'herpès, c'est là l'essentiel.

Soyez calme et parlez sans détour. Souvenez-vous de quelle façon vous avez pris connaissance pour la première fois des faits relatifs à l'herpès ; si c'était une mauvaise expérience, essayez d'imaginer comment vous auriez aimé que cela se passe. Puis dites simplement ce que cette maladie signifie pour vous, *ici et maintenant.* Et puisque vous n'êtes pas un traité de virologie, mais un être pensant et qui éprouve des émotions, laissez de côté les détails de la biochimie — cela concerne les hommes de science. Répétons-le, qu'il vous suffise d'exprimer ce que l'herpès signifie pour vous et de mentionner ce que vous faites à son sujet. Ce n'est pas parce qu'on vous a infligé une description alarmiste des faits concernant l'herpès que vous devez obliger autrui à subir le même sort ! Soyez à l'aise, soyez vous-même et vous vous apercevrez qu'une fois que vous avez commencé, on saura vous poser les questions pertinentes et qu'on éprouvera alors pour vous une sincère sympathie.

Sachez répondre directement aux questions, ne louvoyez pas, présentez les faits avec réalisme. Mettez l'accent, sans exagération, sur le fait qu'une compréhension et une coopération mutuelles rendent négligeable le risque de transmission.

N'oubliez pas qu'avec la compréhension et l'expérience, vous pouvez satisfaire, de toutes sortes de façons, les besoins sexuels et affectifs de votre partenaire, et réciproquement. N'ayez pas peur d'expliquer franchement comment vous réglez les problèmes que vous pose l'herpès. Les inhibitions affectant la communication sur les plans sexuel et émotif sont bien souvent à l'arrière-plan des inhibitions relatives à l'herpès. La communication et l'ouverture d'esprit peuvent aider considérablement à établir une relation saine et à replacer l'herpès dans une juste perspective. Et puisque nous pouvons difficilement donner des consignes particulières en matière de comportement dans le cadre d'une relation épanouie, si vous vous contentez de garder à l'esprit ces considérations générales, vous aurez probablement peu de problèmes. En outre, vous contribuerez par la même occasion à l'éducation d'un autre être humain.

Vous pouvez rencontrer une personne pour qui l'herpès représente un des plus pénibles fardeaux de l'existence. Si cela vous arrive, rassurez votre partenaire, montrez-lui qu'il est relativement simple de s'accommoder de l'herpès et que, la plupart du temps, il ne constitue qu'un désagrément occasionnel.

Les éventuels problèmes relationnels

La plupart des couples chez lesquels un des partenaires est affecté de l'herpès semblent contrôler assez bien la situation, tant qu'aucun autre facteur indépendant de l'herpès n'est en jeu. Toutefois, il y a de fortes chances pour que l'herpès joue un rôle important qui le place au cœur même de la relation. Bien sûr, on doit surveiller l'herpès et le prendre en considération, dans le cadre de la vie sexuelle du couple. Mais s'il est le pivot de la vie du couple, s'il préside à toutes les décisions, alors il deviendra inéluctablement un foyer générateur de frictions affectives. Or, cela ne devrait pas être le cas. Il est évident que l'adaptation prend un certain temps à s'accomplir ; mais, cela fait, on peut envisager l'herpès dans une perspective réaliste normale.

Prendre l'herpès pour bouc émissaire peut cependant entraîner certaines difficultés. Mais voyons cela d'un peu plus près. La frontière est bien mince entre le problème réel qui interdit l'intimité et le besoin d'un alibi commode pour éviter cette intimité ; cela découle directement de l'alchimie émotive que l'herpès entretient. Un homme ou une femme peut réellement se sentir bloqué, impuissant ou frigide à cause de l'herpès, que le virus soit présent ou pas. Mais il ne faut pas confondre ces symptômes avec ceux que les fausses motivations non élucidées engendrent entre les partenaires. Comment faire la différence alors ? C'est là un domaine que psychiatres et psychologues explorent depuis longtemps. Qu'est-ce que les gens se disent réellement l'un à l'autre ? Comment résolvent-ils leurs problèmes ? Cela concerne la manière dont les gens vivent leurs relations en général et pas seulement quand ils ont contracté l'herpès !

Dans les circonstances normales, les relations humaines peuvent être boiteuses, si les besoins des deux partenaires ne sont pas satisfaits. C'est alors que les gens peuvent utiliser l'herpès pour aggraver un déséquilibre déjà existant. N'oubliez pas que vous avez toujours affaire, dans la vie, à tous les aspects de la personnalité des gens, et pas seulement à l'herpesvirus ! Il vous faut donc prendre des décisions en fonction d'autrui et non en fonction de l'herpès.

Une poussée d'herpès chez l'un des partenaires (ou chez les deux) peut prendre de nombreuses significations émotives — selon les réactions individuelles innées ou acquises — mais elle n'entraîne qu'une seule obligation physique : l'interdiction pour l'un et l'autre des partenaires de toucher les plaies. Cela n'implique pas nécessairement de renoncer à l'orgasme, même pour celui que les symptômes affectent (bien sûr, certaines personnes, en ces circonstances, ne sont pas portées sur le sexe, tout simplement ; ou bien, l'inconfort peut être tel qu'il exclut toute possibilité d'orgasme. Cela n'a rien de singulier, les réactions individuelles couvrant une gamme très étendue).

S'il est parfois difficile d'atteindre l'orgasme au cours des rapports sexuels, n'oubliez pas que l'intimité ne se limite pas à la pénétration. Tentez de ne pas trop étouffer les modes d'expression de la sexualité de votre partenaire, ce serait être vraiment trop exigeant. La curiosité créatrice et l'exploration de nouvelles sensations, émotions et techniques sexuelles peuvent enrichir l'expression de votre amour et bonifier pour toujours votre vie amoureuse. Il est souvent difficile d'entrevoir ce qu'on pourrait apprendre et apprécier, au-delà du rôle qu'on est culturellement « censé » jouer dans la sexualité. Les caresses, la tendre attention, le contact rapproché sont bien souvent ce que votre partenaire apprécierait le plus. Si vous vous sentez réellement incapable de surmonter certaines situations sexuelles difficiles, nous vous recommandons d'urgence de consulter un sexologue.

Il est bien évident que nous ne pouvons pas toujours puiser aux sources de notre créativité exploratoire. L'herpès peut nous faire subir épreuves et revers et nous avons alors besoin de l'appui et de la compréhension de nos amis et amant(e)s. Mais il est important de savoir que les échanges affectifs et sexuels entre partenaires n'ont pas besoin d'un bien grand appui extérieur pour se revivifier, et cela est valable pour la grande majorité des gens.

Les gens acquièrent de manière assez étonnante une tolérance, une force et une créativité insoupçonnées, une fois qu'ils ont surmonté les problèmes du début. Ce livre — et ce chapitre en particulier — se donne pour but de vous aider à résoudre et à dépasser ces problèmes initiaux d'adaptation. Mais encore une fois, n'hésitez pas à demander de l'aide, si cela vous semble prendre trop de temps. C'est de votre vie qu'il s'agit, après tout : utilisez donc tous les moyens dont vous disposez pour la vivre à la mesure de vos possibilités.

Chapitre IX

Comment prévenir les poussées d'herpès récidivant (récurrences)

Ce chapitre se propose de vous indiquer comment contrôler les récurrences et leurs effets, et ce de la manière la plus efficace possible. Vous pourrez non seulement acquérir un contrôle plus efficace, par une meilleure connaissance de votre propre corps et par l'anticipation des situations perturbatrices, mais encore vous pourrez obtenir une diminution de la fréquence et de la durée des poussées.

Dans la plupart des cas, l'herpès semble simplement « disparaître » (s'endormir littéralement) en quelques années. Pour nombre de gens, cette disparition a lieu beaucoup plus rapidement ; pour certains autres, le processus d'adaptation se déroule plus difficilement. En fait, aucun symptôme ne peut s'évanouir simplement, tout seul ; il se passe toujours quelque chose qui vient l'atténuer. Et vous pouvez largement intervenir dans ce processus de réduction des symptômes à leur seuil physiologique minimum — lequel, très voisin du silence permanent, peut atteindre ce niveau zéro.

Nous ferons porter principalement l'attention sur trois aspects importants : la santé et la condition physique générale ; les signes avant-coureurs et les mécanismes de déclenchement des récurrences (y compris les possibilités d'élimination ou d'utilisation à votre avantage de certains de ces mécanismes) ; et finalement le stress, qui recouvre une multitude de facteurs influençant les récurrences, la guérison et l'adaptation en général.

Nous avons clairement identifié, au chapitre 8, les effets des symptômes de l'herpès sur la vie affective et le comportement. Toutefois, et ce pour une large part, nous pouvons affirmer que la vie affective et le comportement ont, réciproquement, certains effets sur les symptômes de l'herpès. Ce que vous faites, pensez et ressentez, tout cela peut acquérir la capacité d'alimenter en retour *(feedback)* les aspects physiques du problème. Ce phénomène est très répandu, au moins pendant une certaine période de la maladie. C'est un peu comme si l'herpès offrait momentanément une voie de pénétration privilégiée — parce que moins résistante — aux diverses tensions de la vie. Nous souhaitons vous aider à adoucir les effets de ce problème particulier et nous espérons que vous pourrez appliquer les solutions proposées aux nombreux domaines de votre vie susceptibles d'être touchés par l'herpès.

La bonne condition physique générale

Mangez bien, dormez bien, faites de l'exercice (pas n'importe comment, cependant) et vivez votre vie, en pensant à sauvegarder les intérêts de votre propre corps.

Vous pouvez toujours consulter votre médecin ou vous documenter sur les régimes alimentaires équilibrés, mais soyez prudents malgré tout. Les mythes concernant ce qui est bon ou mauvais en matière d'alimentation sont aussi nombreux que ceux relatifs à l'herpès. Une alimentation normale et bien équilibrée fournit à votre organisme l'énergie dont il a besoin et les éléments nécessaires à la régénération des cellules. Votre corps mettrait un certain temps à s'adapter à un changement rapide des habitudes alimentaires. Une diète non surveillée médicalement peut aggraver des problèmes déjà existants, provoquer des carences nutritionnelles et engendrer des difficultés supplémentaires dues au changement rapide des habitudes alimentaires. Sans préparation, tout changement de cet ordre entraîne en outre une modification des *patterns* psychologiques, modification qui est une des pierres angulaires du stress. Si vous pensez souffrir de certaines carences alimentaires, consultez votre médecin, mais ne pratiquez ni l'autodiagnostic ni l'autotraitement.

Les cigarettes, la marijuana, l'alcool et le sucre sont tous des immunodépresseurs (ils peuvent amoindrir les effets des réactions de votre système immunitaire). Cependant, ce sont surtout les excès qui causent des problèmes réels, particulièrement quand il vous est recommandé de surveiller votre santé. Votre organisme s'adapte très bien à la consommation modérée et régulière de substances qui, absorbées à doses excessives ou isolément, peuvent diminuer les ressources de votre système immunitaire. Si vous arrêtez de fumer, votre état général s'améliorera indubitablement, et vous serez un peu plus à l'abri de certains risques (cancer du poumon, troubles cardio-vasculaires, etc.), mais il y a peu de chances que vous constatiez un effet direct et manifeste sur l'herpès (de toute façon, cela prendrait un certain temps). Vous devez éviter à tout prix les outrages à votre organisme — les excès, les mauvaises habitudes chroniques ou les dérèglements subits. En un mot, évitez d'« offenser » votre propre corps. Évitez de faire trop souvent ce que vous savez vous ruiner la santé, évitez-le particulièrement quand les signes avant-coureurs d'une poussée se manifestent. Le plaisir est une chose, l'excès en est une autre. Soit dit en passant, l'excès de sommeil est aussi nuisible que le manque de sommeil : l'équilibre de votre organisme est rompu.

Maintenez-vous raisonnablement en forme, peu importe comment en fin de compte, du moment que cela a un effet sur l'herpès. Faites tout ce qui aide votre état d'esprit, votre vitalité et votre condition physique à se maintenir dans le meilleur état possible.

La bonne alimentation, le sommeil réparateur, l'exercice physique adéquat et les mesures bénéfiques, tout cela interagit fortement avec votre façon de penser. Un bon exemple illustrera cette action réciproque. Un homme en excellente condition physique, marathonien exercé, prétendait s'attendre à une poussée d'herpès le lendemain d'une compétition — qu'il s'agisse d'une épreuve de quinze kilomètres ou d'un marathon. Il s'était mis en tête que le fait de puiser ainsi dans les ressources de son organisme entraînait automatiquement une poussée récidivante. Nous lui demandâmes si le même phénomène se produisait après les compétitions moins officielles (sans parler, bien sûr, des quelque cent cinquante kilomètres hebdomadaires parcourus en guise d'entraînement !). Notre question suffit à mettre fin à la prétendue relation de cause à effet. Quand il s'imaginait que les compétitions épuisaient réellement son organisme et lui étaient en quelque sorte nuisibles, une poussée d'herpès survenait. Par contre, il n'avait jamais envisagé l'entraînement sous cet aspect. Ses schèmes de pensée jouaient ici un rôle important — notamment son anxiété autoalimentée concernant l'herpès. Dès qu'il comprit cela, il put mettre fin à ce *pattern* préjudiciable.

Essayez de bien vous « comporter » ; pour cela, sachez déterminer ce qui est bon pour vous et ce qui vous est néfaste, sachez faire la différence entre ce qui entraîne l'autodestruction et ce que vous pouvez vous permettre sans problème.

Les signes avant-coureurs (prodromes) et les facteurs de déclenchement

Le contrôle efficace et progressif de l'herpès implique deux choses : d'abord, votre capacité de prévoir les événements et d'y faire face, ensuite, votre implication directe dans la diminution des symptômes. Il n'existe pas d'ordonnance infaillible qui vous garantisse de pouvoir faire avorter les poussées d'herpès ; par contre, vous pouvez utiliser de nombreux moyens qui permettent de réduire les effets des facteurs internes et externes influençant les poussées.

La première étape, c'est la connaissance de votre propre corps. Les mécanismes hormonaux, immunologiques et neurologiques de votre organisme travaillent fort bien de concert ; ils constituent une unité dynamique de production de vos sensations physiques ainsi que de votre « tonalité » émotive, de vos processus de pensée et de vos schèmes de comportement. Si vous savez comment votre corps et votre esprit réagissent à l'envahissement viral, aux bouleversements de votre existence, aux événements heureux ou tristes, vous avez alors en main les atouts qui vous permettent d'affronter la vie en général et l'herpès en particulier. Apprenez à reconnaître vos diverses sensations et émotions.

Une fois que vous aurez développé cette écoute de votre corps et de vos émotions, votre prise de conscience des changements qui se produisent deviendra automatique, et vous n'aurez plus besoin de scruter sans relâche chaque sensation. Au contraire, vous serez en accord syntone avec les changements dus à l'herpès. Vous n'aurez même plus besoin d'y penser, vous vous contenterez de simplement « savoir ». Puis, vous pourrez tirer parti de cette information pour détourner votre attention de l'herpès. Mais voyons d'abord de quoi se compose cet ensemble de signes avant-coureurs qui vous fournissent l'information nécessaire à la mise sur pied d'un contrôle efficace de l'herpès.

Les sensations suivantes s'étalent sur une gamme étendue et proviennent des témoignages de nombreuses personnes. Comme nous l'avons signalé dans un chapitre précédent, vous pouvez en éprouver une ou plusieurs. Votre objectif, c'est d'arriver à identifier les signes reliés aux poussées d'herpès le plus tôt possible.

Les symptômes en sont les suivants :

- une démangeaison près de la zone d'éruption ;
- une sensation de picotement ;
- une sensation de « coup d'épingle » ;
- une certaine sensibilité ou l'impression que quelque chose est sur le point de se produire.

Ces symptômes signalent habituellement une poussée et se manifestent dans une zone proche de celle de l'apparition de l'éruption. On rencontre encore certains autres symptômes :

- une douleur pulsative ou sourde dans la zone affectée et les alentours immédiats, ou descendant dans une jambe ou sur le côté de l'aine ;
- une sorte de contracture musculaire douloureuse qui peut vous interdire l'exercice physique ;
- une sensation de chaleur ou de fièvre du côté de l'aine ;
- une certaine sensibilité ;
- une douleur réelle, parfois difficile à localiser avec précision, survenant indifféremment dans les jambes, l'aine ou la région pelvienne ;
- une sensation de brûlure ou de douleur accompagnant la miction ou la défécation.

Ce dernier ensemble de sensations précède parfois une poussée d'herpès active ; parfois, ces sensations durent quelques jours, ou même plus longtemps, avant qu'une poussée survienne, ou bien elles diminuent et disparaissent sans qu'aucune poussée ait eu lieu. Ces sensations sont particulièrement utiles, en ce sens qu'elles signalent un certain trouble à l'intérieur ou à la périphérie du corps, trouble dont on peut habituellement situer l'origine et qu'on peut souvent éliminer.

On peut en général identifier facilement les facteurs de déclenchement personnels, qui dépendent de l'impact des tensions physiques, émotives ou sociales sur l'individu. La lumière solaire étant un facteur de déclenchement direct de l'herpès labial, un écran protecteur constitue une mesure préventive extrêmement utile. Quelques autres blessures ou écorchures provoquées par des agents externes peuvent déclencher certaines poussées d'herpès génital. Une huile à friction mettra les tissus externes à l'abri des effets d'une manipulation brutale — usage externe seulement ! — une gelée lubrifiante (aux É.-U., la gelée K-Y) protégera les tissus internes du frottement, pendant les rapports sexuels. Le mot d'ordre dans ce domaine, c'est de prendre les précautions les plus élémentaires. Vouloir la pénétration à tout prix en l'absence d'une lubrification appropriée, c'est délibérément rechercher la destruction des tissus.

Le dessèchement de la peau a tendance à entraîner une certaine sensibilité qui peut hâter l'apparition d'une éruption imminente de plaies externes. Cela peut devenir problématique, notamment en hiver, dans les appartements urbains ; en effet, l'air chaud, y étant très sec, entretient l'irritation. Si cela vous arrive, faites de votre mieux pour adoucir votre peau. Assurez-vous que la lubrification est suffisante avant de faire l'amour, n'utilisez pas un savon trop abrasif et ne vous plongez pas dans l'eau trop chaude. Un humidificateur ne serait pas superflu. L'élimination des seuls facteurs physiques potentiellement traumatisants permet de prévenir les poussées dans une large mesure, pour de nombreuses personnes ; c'est en outre pour vous une façon de vivre en harmonie avec l'essence même de la sexualité — de savoir prendre vos précautions et de vous sentir responsable de vos actes. Puisque l'irritation et l'envenimement de la zone de l'infection retarde la guérison, un minimum de soins peut éliminer le problème. Pendant les mois chauds et humides de l'été, portez des sous-vêtements de coton légers et maintenez-vous au sec et au frais en vous saupoudrant de talc non parfumé.

Pour certaines femmes, les règles peuvent devenir un facteur de déclenchement bien ancré. Bien qu'on ait pu identifier un certain lien entre l'activation du virus et les changements hormonaux (ou la quantité d'hormones élaborées), il ne semble pas y avoir de relation directe de cause à effet — pour la plupart des femmes, les poussées ne coïncident pas avec les règles ; pour celles à qui cela arrive, la simultanéité des poussées et des règles n'est pas automatique. Par conséquent, on peut rompre ce lien. Répétons-le, votre objectif doit être de ne pas mêler l'herpès aux autres domaines de votre vie.

Une résistance physique amoindrie peut entraîner une poussée récurrente. En effet, l'herpès se déclare souvent quand les ressources physiques ou affectives sont diminuées. Compte tenu de cela, vous devez vous souvenir de deux choses importantes. Tout d'abord, maintenez-vous en bonne forme. En ce qui concerne le deuxième point, c'est un peu plus complexe. Si actuellement l'herpès est votre talon d'Achille, il ne devrait pas le rester. Méfiez-vous du cercle vicieux qui risque de devenir une habitude néfaste et destructrice. Même si les poussées ont plus de chances de se manifester quand les ressources de votre organisme sont épuisées par une autre infection — un rhume, par exemple —, vous pouvez séparer les deux phénomènes. Chez les malades dont l'immunité est sérieusement compromise, l'herpès peut devenir un problème grave, mais c'est là une situation assez exceptionnelle.

Votre objectif doit être de rompre le cycle. L'herpès ne se manifeste pas inévitablement chaque fois que vous êtes un peu affaibli : il y a seulement un peu plus de chances que cela arrive.

Le stress

Comme n'importe quel autre facteur impliqué dans l'herpès, le stress est un phénomène individuel, différent pour chaque être humain. Toutefois, on peut dégager certaines règles générales qui permettent d'identifier et d'éliminer les situations stressantes. Nous allons tenter de déterminer les relations entre l'herpès et le stress. Pour cela, récapitulons :

- un événement donné, se produisant dans les tissus neuraux, active le virus, ce qui entraîne une poussée ;
- des modifications physiologiques jouent souvent un rôle dans cet « événement » ;
- c'est bien souvent une menace envers le corps ou l'esprit qui provoque ces modifications physiologiques. En d'autres termes, le complexe corps-esprit mobilise inconsciemment et automatiquement les ressources dont il a besoin pour réagir à une situation potentiellement dangereuse.

Cette mobilisation des forces utiles opère de trois manières principales. Premièrement, par l'activation de certaines parties du système nerveux, ce qui accélère le rythme cardiaque, augmente l'alimentation sanguine des muscles et produit l'énergie nécessaire à l'action (c'est la réaction de « lutte ou fuite ») ; deuxièmement, par la libération d'hormones qui facilitent et renforcent l'action du système nerveux, telle l'adrénaline (ou épinéphrine) ; troisièmement, par l'activation des mécanismes immunitaires.

Les réactions neurales et hormonales, qui se produisent toujours par salves relativement courtes, sont essentielles ; ce sont elles qui vous aident à relever les défis quotidiens. Le système fonctionne d'ailleurs à merveille. Dès qu'un défi est relevé ou dès qu'une menace a disparu, tout un ensemble de réactions opposées entrent en jeu pour restaurer l'équilibre — pour ramener les rythmes et les débits à la normale, stocker à nouveau l'énergie et reconstruire et rénover les tissus. Votre organisme sait parfaitement bien ce qu'il fait !

En soi, le stress est une chose excellente et nécessaire à la vie. Il favorise le développement, le renouvellement et l'adaptation, tant sur le plan physique que sur celui du comportement. Nous sommes continuellement en train de nous adapter aux circonstances et aux changements qui se produisent dans nos organismes et dans nos vies en général. C'est là l'essence même des processus vitaux.

Toutefois, en relation avec tout cela, un problème peut surgir : nous pouvons étirer nos capacités d'adaptation jusqu'à les faire intervenir avant même que les effets préjudiciables se produisent. Par exemple, les problèmes cardio-vasculaires se manifestent par des symptômes physiques, mais bien souvent ils découlent de longues périodes de stress continu ou d'un comportement qui aggrave l'état du système circulatoire — entre autres, l'ingestion de certains aliments, la tabacomanie et la tension nerveuse soutenue. Le stress permanent augmente d'un cran ou deux les réactions des systèmes neural et hormonal. Les mécanismes d'adaptation s'épuisent alors et tous les processus corporels qui prennent en charge les agents étrangers ou les changements internes perdent de leur efficacité. Par rapport à l'herpès, cela entraîne deux conséquences. Premièrement, l'activation neurale continuelle peut facilement déboucher sur l'activation de l'herpesvirus. Deuxièmement, les effets de « nettoyage » et la guérison dus au système immunitaire étant considérablement amoindris, il en résulte davantage de poussées de plus longue durée.

Vous ne pouvez pas éliminer de votre vie tous les facteurs de stress, mais vous pouvez dans une large mesure alléger le stress chronique et abaisser le degré de détournement vers l'herpès des tensions quotidiennes. Mais cela exige que vous y regardiez d'un peu plus près. C'est pourquoi nous reproduisons un peu plus loin un questionnaire qui devrait vous aider à identifier les domaines éventuellement stressants pour vous, ainsi que la manière dont vous utilisez le stress pour vous nuire, directement ou indirectement (et probablement sans vous en rendre compte).

> Ce qu'il faut retenir
> - Les effets des situations stressantes peuvent être détournés et canalisés pour alimenter l'herpès.
> - L'herpès pouvant devenir une voie de pénétration de moindre résistance pour les effets corporels des diverses tensions, un *pattern* préjudiciable peut s'installer.
> - Les situations chroniquement stressantes sont nuisibles à votre santé, car elles altèrent les processus de guérison normale et amoindrissent les capacités de vos défenses immunitaires.

Mais d'où proviennent donc toutes ces tensions ? Comment pouvez-vous les identifier ? Que pouvez-vous faire à leur sujet ? Les effets dont nous venons d'esquisser le profil résultent d'une coopération normale entre votre corps et votre esprit, coopération qui vous fait percevoir une situation ou un événement comme potentiellement menaçant ou dangereux. Si vous êtes capable d'identifier clairement et consciemment les choses qui peuvent produire sur vous un tel effet, alors vous pouvez certainement vous en occuper efficacement. Par exemple, une entrevue imminente — pour la recherche d'un emploi, ou autre — est anxiogène (elle provoque l'anxiété) ; cependant, une bonne préparation peut réduire nombre des effets nuisibles potentiels, alors que le manque d'organisation et l'inquiétude continuelle les prolongent et les intensifient.

Ce qu'il y a d'insidieux dans cette relation entre le stress et l'herpès, c'est que bien souvent la réaction de stress se produit sans que nous en ayons conscience et se manifeste sous forme de symptômes physiques. Mais heureusement, nous pouvons contrôler la plupart de ces effets.

Les modes de perception de l'herpès

Comme nous l'avons vu, l'herpès a souvent le pouvoir de générer des sentiments comme la peur du rejet d'autrui, l'angoisse et diverses autres émotions négatives. À leur tour, ces sentiments peuvent provoquer une réaction — le stress — par l'intermédiaire de l'inquiétude et de l'anxiété (réaction que, bien souvent, on n'identifie pas). Un cercle vicieux assez particulier s'installe alors : une poussée d'herpès donne naissance à une inquiétude de moins en moins visible qui, à son tour, favorise une poussée d'herpès, etc.

N'oubliez pas, encore une fois, que l'herpès n'occupe qu'une toute petite place dans votre vie. Vous devez vivre votre vie en canalisant vos énergies vers des objectifs plus rentables que ceux qui consistent à aider les virus ! Mettez fin à ce cercle vicieux en rompant le lien qui unit l'herpès aux émotions négatives.

Les problèmes interpersonnels

Pour nombre de gens, les réactions émotionnelles et les frustrations que l'herpès peut provoquer ont tendance à les isoler d'autrui et, par conséquent, à entretenir leur problème. Mais si vous avez la chance de pouvoir parler de l'herpès à des auditeurs empathiques, alors il vous sera facile de rompre ce sentiment d'isolement. Vous vous apercevrez également que votre peur du rejet d'autrui aura considérablement diminué.

La plus rapide et la meilleure façon — bien que ce ne soit pas toujours la plus facile — de vous éviter de subir le reste des effets stressants dus à la peur du rejet d'autrui, c'est encore que des événements heureux, dans le domaine des relations, viennent vous combler. L'aspect dépressif de la peur du rejet d'autrui, vu à travers une estime de soi et une confiance en soi amoindries, réagit beaucoup mieux à des réalisations personnelles satisfaisantes, d'abord minimes puis graduellement croissantes. Le succès appelle le succès et ce qui est surtout important, c'est que vous ayez fait en sorte que le succès arrive. Vous n'êtes plus ainsi à la merci des circonstances. Définissez-vous des objectifs accessibles, même s'ils vous paraissent minces et, à partir de là, construisez tranquillement.

Vous aurez résolu l'essentiel du problème quand vous aurez réussi à arracher le contrôle des événements à l'herpès, pour le reprendre en main sérieusement. La dernière étape consiste pour vous à appliquer cette stratégie aux relations interpersonnelles et à résoudre l'inévitable problème « comment parler de l'herpès ? » Dès que vous serez capable d'assumer la responsabilité et les conséquences de vos actes et de mettre à exécution vos plans d'action, l'herpès ne pourra plus vous dominer. Les échecs et les reculs ne manqueront pas de se produire, c'est pourquoi vous devez vous assurer de l'aide de quelques amis qui vous encourageront et vous aideront à surmonter les effets dus à la peur de l'isolement et ceux dus aux problèmes relationnels. En agissant ainsi, vous pourrez considérablement réduire le stress, ce qui aura un réel effet bénéfique sur vos symptômes et sur votre manière de les percevoir.

Nous avons abordé plus haut une autre source importante de stress, qui concerne tout un ensemble d'émotions et de motivations incompatibles, en matière de relations : cette tendance à choisir précisément des partenaires et des situations avec lesquels la relation est vouée à l'échec. Ce pourrait être tout simplement un moyen inconscient de tenir autrui à distance. C'est un phénomène à peu près semblable à celui du renoncement et qui puise aux mêmes sources. Herpès ou pas, il s'agit là de la peur de ne pas être à la hauteur de la situation ou de la crainte de ne pas être à son meilleur. Vous ne devez pas avoir honte de ce sentiment d'insécurité, vous devez simplement vous en occuper, car l'herpès peut utiliser l'impression que vous avez d'être moins désirable pour se développer. Si vous n'y prêtez pas attention sérieusement, ce type d'ambivalence peut être exacerbé, ainsi d'ailleurs que certaines autres insécurités déjà existantes. Alors, l'accroissement du stress peut favoriser les changements physiologiques impliqués dans une poussée d'herpès.

Cependant, une fois les conflits résolus, les problèmes de désorganisation de la vie dus à l'herpès sont considérablement réduits et, souvent, de courtes récurrences occasionnelles viennent remplacer les anciennes poussées chroniques.

Les problèmes personnels

Un problème plus difficile, que certaines femmes ont du mal à résoudre, découle d'une partie de notre conditionnement culturel : la sexualité et les organes sexuels sont d'une certaine manière tabous, haïssables et à la fois traités comme une partie du soi et de l'être. L'herpès peut venir s'ajouter à ces divers sentiments dévalorisants pour engendrer le doute, la culpabilité ou la honte. L'angoisse, en ce cas, apparaîtra fort probablement. Mais là encore, on peut canaliser ces phénomènes de manière constructive et prendre le pas sur l'herpès, au lieu d'accorder trop d'importance à ces sentiments culturellement enracinés. Si vous pouvez dissocier ces sentiments de l'herpès lui-même, vous aiderez efficacement le développement de l'adaptation sous toutes ses formes.

Les hommes affectés de l'herpès, eux, s'inquiètent plus souvent de l'incidence sur leurs performances. Y aura-t-il une poussée juste avant un rendez-vous romanesque ? Qui donc acceptera un individu qui « tombe en panne » si souvent ? Ici encore, les doutes et les inquiétudes s'alimentent aux problèmes relatifs à l'image de soi qui, à leur tour, sont entretenus par la culture. Quand vous examinez ces problèmes à la lumière de la raison — de sorte que, parfois, vous échappez à leur contrôle —, vous éliminez plus facilement ce type de stress et vous accélérez le processus d'adaptation.

Les réactions émotionnelles dues à l'herpès sont dépendantes de nombreuses sources, si bien que les tensions — quand elles sont en relation avec l'herpès — s'expriment dans de nombreux domaines de l'existence.

Les divers changements de situation et l'organisation de la vie

Les changements qui surviennent dans la vie de chacun peuvent aussi engendrer le stress. Certains sont imprévisibles, tandis qu'on peut contrôler les autres dans une certaine mesure. Les séparations, les changements d'ordre professionnel et les déménagements peuvent être très stressants. Sachez reconnaître que tous les changements nécessitent une période d'adaptation et, si vous le pouvez, n'effectuez qu'un seul changement majeur à la fois, en le planifiant de votre mieux. Ainsi, vous ne serez pas submergé par un déferlement d'événements imprévisibles. Si vous sentez que vous avez le contrôle et si vous êtes capable de prévoir et de préparer un changement, vous réduirez considérablement les tensions qui d'ordinaire l'accompagnent.

Dans cette catégorie de stress, on peut classer le syndrome du « débordé de travail ». Certaines personnes s'accommodent fort bien d'un léger surcroît de travail, tandis que d'autres réagissent moins bien à ce genre de surcharge. Si vous vous sentez débordé, c'est signe qu'il est temps pour vous de faire un bilan et d'adapter les choses en conséquence. Ce n'est pas toujours facile d'organiser son temps efficacement ou de faire des planifications à long terme. Mais si vous n'avez ni plaisir ni satisfaction au-delà de la réussite apparente, si le temps vous manque, alors vous vous adonnez à une sorte d'automutilation et vous travaillez probablement bien plus au service de l'herpès que de vous-même. Le syndrome du « débordé de travail » n'est pas toujours bien repérable : étudiez donc attentivement votre emploi du temps !

Comment réduire le stress

On peut trouver dans les diverses techniques de relaxation des moyens directs de réduction immédiate du stress. Dans le chapitre « ressources supplémentaires », nous donnons les références de quelques types de méthodes de relaxation. Le principe de base de toutes ces techniques est le même et leur objectif est le suivant : vous permettre d'oublier pendant un certain temps à la fois vos préoccupations (plan mental) et votre fatigue (plan physique) et de passer un moment agréable avec vous-même.

La relaxation musculaire profonde est une technique courante, qu'on a utilisée avec succès dans de nombreux domaines de la vie et de la médecine. Vous pouvez facilement l'adapter aux problèmes de l'herpès ; elle vous permettra alors de détourner vos préoccupations de l'herpès et, en conséquence, interviendra dans la réduction de vos symptômes. Nous allons vous fournir le canevas de cette technique, que vous pourrez adapter en fonction de vos besoins et de votre personnalité.

L'identification précoce des signes avant-coureurs (signes prodromiques) constitue la première étape de toute action « antipoussée ». Sachez reconnaître ces signes et les utiliser comme une incitation à commencer à pratiquer régulièrement la relaxation.

Allongez-vous confortablement. Serrez un poing et contractez l'avant-bras. Puis relâchez les muscles et éprouvez la détente qui s'ensuit. Ne serrez pas trop fortement le poing, mais contractez-le juste assez pour sentir la différence quand vous relâchez progressivement les muscles. Sentez la lourdeur et la chaleur s'installer dans votre avant-bras. Puis faites la même chose avec votre bras, en douceur et lentement. Recommencez ensuite pour l'autre main et l'autre bras. Puis occupez-vous de vos jambes (une à la fois) et finalement des autres parties de votre corps — le dos, l'abdomen, les épaules, le cou et le visage —, toujours en alternant tension et relâchement.

Travaillez cet exercice pendant quelques jours, jusqu'à ce que vous puissiez vous détendre à volonté. De nombreux moyens permettent d'apprendre à relaxer à volonté et à apaiser l'esprit. Certaines personnes affectionnent la méditation — il existe d'ailleurs de nombreuses formes variées de méditation. D'autres gens préfèrent s'imaginer eux-mêmes dans un endroit enchanteur, alors que quelques autres encore écoutent leur morceau de musique préféré, évoquent certaines images ou lisent un poème. Il n'y a pas de secret : vous devez toujours utiliser la même thérapie, et sous la même forme, si vous voulez obtenir la tranquillité de l'esprit et le repos du corps. Trouvez la méthode qui fonctionne le mieux pour vous et conservez-la jusqu'à ce que vous puissiez vous y abandonner à volonté. Quelques personnes se voient mentalement dans un endroit qu'elles aiment particulièrement. Nous connaissons un homme qui, curieusement, se représentait trois couleurs en train de se mélanger — cela semblait très bien fonctionner pour lui. Quand les couleurs étaient parfaitement fondues ensemble, cet homme savait que son corps et son esprit avaient atteint l'état qu'il leur souhaitait. Pour éliminer les sensations dues à l'herpès, essayez de créer vos propres images mentales efficaces.

Laissez les sensations de détente envahir votre corps et votre esprit. N'essayez pas d'obtenir la détente de manière trop « active », permettez-lui simplement de se produire. Commencez votre séance en pensant aux sensations liées aux signes avant-coureurs d'une poussée d'herpès, puis relaxez-vous jusqu'à ce que les sensations de détente prennent possession de votre conscience ; si vous continuez ainsi, vous pourrez bientôt éliminer de votre conscience les sensations prodromiques. C'est effectivement possible ; en d'autres mots, faites en sorte de *ne plus percevoir* ces sensations. Renforcez l'action de la relaxation, en vous répétant mentalement ce que vous voulez faire et obtenir, avant d'attaquer chaque séance. Si vous éprouvez une douleur plus vive que l'habituelle douleur sourde, cela risque d'être un peu plus difficile (voir à ce sujet le chapitre « ressources supplémentaires »). Vous pouvez toutefois, pour la plupart des signes avant-coureurs, réduire les effets du stress qui accompagne une poussée.

Essayez de commencer le plus tôt possible, pendant cette période prodromique. Quand vous aurez éliminé de votre esprit les sensations reliées à l'herpès, vous aurez fait un grand pas vers la rupture de ce cercle vicieux entretenu par l'herpès et les sensations et émotions qu'il génère.

Par la relaxation, vous instaurez en vous-même un ensemble d'habitudes nouvelles et créez par là même un cycle positif capable de réduire les sensations liées à l'herpès. Cela détourne votre attention de l'herpès et la canalise vers d'autres domaines. Au bout d'un certain temps, le processus peut devenir automatique. Quelques personnes maîtrisent si bien cette technique qu'elles peuvent éliminer les sensations herpétiques d'une certaine partie de leur corps et les transférer à une autre partie, sous la forme d'un simple désagrément. Une femme que nous avons reçue en consultation, devenait plus active dans son travail quand elle sentait venir les signes avant-coureurs. D'ordinaire, elle avait plutôt l'habitude de temporiser, ce qui réduisait habituellement son stress. Elle se mit toutefois à tellement considérer l'herpès comme une incitation au travail que cela finit par lui paraître plus autodestructeur que réellement utile. Certains de ces exemples peuvent paraître bien étranges, mais n'éclairent-ils pas le fait que les émotions peuvent entretenir l'herpès qui, en retour, les affecte elles aussi. Tant qu'on ne la contrôle pas efficacement, cette relation symbiotique entrave l'adaptation à l'herpès, sur les plans à la fois physique et émotionnel.

Rien ne peut vous garantir que vous pourrez automatiquement enrayer toutes les poussées d'herpès ; mais ***nous pouvons affirmer que vous réaliserez de grands progrès dans vos possibilités de réduction de la tension et des inquiétudes et que vous créerez en vous-même un sentiment de bien-être et de contrôle qui accélérera les processus naturels d'adaptation.*** Ce qui, en soi, constituera un exploit. Il y a tout lieu de croire que vous pouvez jouer directement un rôle important dans la manipulation de vos processus organiques et que vous pouvez ainsi atténuer l'impact des divers facteurs qui déclenchent les récurrences.

Ce qu'il faut retenir
- Votre but est d'éliminer ou de réduire l'effet de tout facteur pouvant jouer un rôle dans la réactivation de l'herpès, de telle sorte que vous puissiez diminuer la fréquence et la durée des poussées, dans les meilleurs délais. L'herpès prendra alors dans votre vie l'importance qui lui revient, puisqu'il aura cessé de vous obnubiler l'esprit.
- Vous pouvez éviter les traumatismes physiques par une bonne lubrification et par la réduction des lésions tissulaires.
- Vous pouvez enfin alléger les traumatismes émotionnels par un meilleur contrôle de vos peurs et anxiétés concernant les relations interpersonnelles, par une meilleure organisation de votre temps et par une bonne planification.

Sauf en cas de complications physiques majeures, le fait de « travailler » dans ces domaines de votre vie ne peut avoir que des effets bénéfiques importants : éliminer les obstacles à votre adaptation à l'herpès et hâter la venue du moment où l'herpès ne sera rien d'autre qu'un désagrément mineur et occasionnel.

Toutefois, si vous en avez assez d'affronter les difficultés sans résultat, n'hésitez pas à consulter un spécialiste. Personne ne devrait rester ainsi trop longtemps impuissant et sans recours devant les échecs. Vous devez envisager de vous adresser aux spécialistes, si vous vous sentez las et incapable de faire quoi que ce soit.

Inventaire des domaines générateurs de stress

À l'aide du tableau suivant, tentez d'identifier les domaines de votre vie qui provoquent généralement chez vous plus de stress qu'il n'est bon, et particulièrement ceux qui peuvent avoir une quelconque influence sur les récurrences herpétiques. Grâce au pouvoir qu'a l'herpès de récupérer les débordements émotionnels, les effets des tensions sont souvent canalisés vers les symptômes.

Il est parfois malaisé d'identifier les facteurs de stress qui affectent le système — au-dessus ou au-dessous du niveau de stress normal imputable aux défis quotidiens —, tant qu'ils n'apparaissent pas vraiment ; et même là, nous n'y prêtons pas toujours attention. En outre, le stress affecte chacun de nous de différentes manières. Plus que les événements extérieurs eux-mêmes, c'est surtout votre perception « viscérale » des choses qui est importante ici.

Le questionnaire devrait également vous aider à découvrir quels sont les domaines de votre vie — qui contribuent généralement à la manifestation des symptômes — que vous pouvez utiliser pour détourner de l'herpès les effets du stress.

Nombre de gens qui, avec le temps, se sont adaptés à l'herpès trouvent que, finalement, les poussées (ou mieux

	Travail Études	Famille	Relations interperson- nelles	Argent	Organisation de la vie
Des changements ont-ils eu lieu dans ces domaines, au cours de l'année écoulée ?					
Ces changements vous stimulent-ils ou épuisent-ils vos ressources ?					
Vous êtes-vous bien adapté à ces chan- gements, et dans quelle mesure ?					
Par le passé, avez-vous su faire face à des changements identiques, et dans quelle mesure ?					
Actuellement, dans ces domaines, des tensions autres que les tensions nor- males se manifestent-elles ?					
Si oui, pensez-vous pouvoir les résou- dre ?					
Comment les affrontez-vous ?					
Si elles vous affectent, pouvez-vous les contrôler, et dans quelle mesure ?					
Vos stratégies résolvent-elles les pro- blèmes ? Les ajournent-elles ? Les entretiennent-elles ?					
Voyez-vous vos espérances se réaliser dans ces domaines, et dans quelle mesure ?					
Vos attentes sont-elles réalistes et réalisables ? À court terme ? À long terme ?					
Vos pensées concernant les attentes sont-elles globalement positives ou négatives ?					
Avez-vous commencé à réaliser vos projets ?					

Inventaire des domaines générateurs de stress alimentant les symptômes de l'herpès.

encore, les signes avant-coureurs) jouent pour eux le rôle d'un « indicateur de stress » — indicateur par ailleurs extrêmement sensible. Ce qui signifie que les symptômes de l'herpès signalent à ces gens-là que quelque chose « ne tourne pas rond ».

Voici, pour compléter ce questionnaire, quelques autres points qu'il serait bon que vous envisagiez.

- Vous accordez-vous suffisamment de temps sur le plan personnel ? En avez-vous assez pour satisfaire vos intérêts culturels ou relatifs aux loisirs ?
- Dans votre emploi du temps quotidien (ou hebdomadaire), le temps accordé à votre alimentation, votre travail, votre détente et vos obligations sociales, est-il réparti à votre convenance ?
- Savez-vous identifier les moments où vous êtes tendu ?
- Comment ressentez-vous les frustrations et les déceptions ? Réagissez-vous avec force et autorité ? Avez-vous des difficultés à résoudre vos problèmes ? Temporisez-vous ? Attendez-vous calmement la suite des événements *(wait and see)* ? Développez-vous une certaine angoisse ou un certain ressentiment ? Pouvez-vous vous inquiéter « tranquillement » ? Tentez-vous de fuir les problèmes ? Vous sentez-vous coupable d'avoir fait quelque chose de mal ?

Vous remarquerez que l'herpès n'est mentionné dans aucune de ces questions. C'est que, en ce qui concerne l'herpès, une seule vraie question englobe tout le reste : dans la résolution des problèmes que vous pose votre relation avec l'herpès, en êtes-vous arrivé au point où la « coexistence pacifique » est possible ?

Chapitre X
Questions et réponses

Nous vous proposons maintenant un rappel des principales questions et réponses relatives à l'herpès, rappel qui, nous l'espérons, vous guidera dans le dédale des divers secteurs concernés et des multiples préoccupations. Les problèmes y sont abordés dans l'ordre habituel de leur apparition.

Votre meilleur atout pour contrôler l'herpès, c'est encore une bonne information. Mais n'oubliez pas qu'il est primordial d'assimiler correctement les faits concernant l'herpès. Si, à vos questions parfois irritantes, on n'offre que des réponses sèches, vous ne pourrez être qu'insatisfait, même si en substance, on vous a instruit des faits — et ceci est particulièrement vrai quand il s'agit de l'herpès, car cette maladie étant en très étroite relation avec la sexualité, la question se charge souvent d'une intense coloration émotive. Notre expérience nous prouve qu'il faut revenir souvent sur les faits mêmes, avant que le malade puisse les regarder en face et les utiliser efficacement dans le processus de prévention. Mais la compréhension effective des faits vous aidera à vivre pleinement et sans inquiétude inutile, si vous avez contracté l'herpès.

Comment puis-je savoir que j'ai contracté l'herpès ?

Il peut se produire dans la bouche ou sur les parties génitales des infections ou autres problèmes si nombreux que l'autodiagnostic est à déconseiller. Consultez un médecin dès que vous constatez des symptômes inhabituels. Un médecin d'expérience peut en général distinguer très facilement l'herpès des autres infections quand une éruption est présente ; en l'absence de toute infection, il lui sera impossible de le faire.

Une analyse de sang ne permet pas d'affirmer qu'une éruption est herpétique. Elle peut par contre révéler que vous avez été exposé à l'herpès par le passé, à quelque moment que ce soit, et ce en identifiant les anticorps produits par votre organisme. On peut obtenir un diagnostic plus définitif, grâce à une culture virale : on frotte ou on gratte la zone infectée pour en prélever un spécimen ; on place ensuite ce prélèvement dans un bouillon de culture pour voir si le virus s'y développe ; si tel est le cas, le diagnostic est positif.

Ceci est très important car, en l'absence de ce test, nombre de gens croient avoir contracté l'herpès, alors que c'est probablement un autre problème médical qui les affecte. Par ailleurs, beaucoup de gens continuent à vivre avec l'herpès, sans que cette maladie ait été diagnostiquée. Les symptômes disparaîtront en temps voulu, mais l'affaire n'est pas terminée pour autant.

Quelles sont les causes de l'herpès ?

C'est un virus qui provoque la maladie appelée herpès. On connaît actuellement certains virus (le groupe herpesvirus) responsables de plusieurs maladies différentes : le virus de la varicelle (varicelle chez les enfants et zona chez les adultes), le virus Epstein-Barr (mononucléose infectieuse), le cytomégalovirus (maladie des inclusions cytomégaliques) et l'herpesvirus hominis de type 1 et de type 2 (éruptions récidivantes d'herpès facial et génital). Ce sont ces deux derniers virus qui nous intéressent ici.

Quelle différence y a-t-il entre l'herpesvirus hominis de type 1 et celui de type 2 ?

Bien qu'on puisse identifier séparément chacun de ces deux virus, en matière de symptômes, la différence est insignifiante, sinon nulle. On parle d'herpesvirus hominis de type 1 pour les infections situées au-dessus de la ceinture et d'herpesvirus hominis de type 2 pour celles situées au-dessous de la ceinture.

Puis-je être infecté par le type 1 sur les organes génitaux et par le type 2 sur le visage ?

Oui. Le virus responsable du bouton de fièvre peut aussi provoquer des plaies sur les organes génitaux, si c'est par là qu'il pénètre dans l'organisme. Inversement, le virus de type 2 peut causer une infection sur le visage. Autant que nous sachions, quel que soit le virus responsable de l'infection, les symptômes sont les mêmes. C'est le site de la première infection qui est important et non pas le type de virus.

Comment contracte-t-on l'herpès ?

C'est *uniquement* par le contact physique direct avec l'infection active d'une autre personne que vous pouvez contracter l'herpès. On dit qu'une infection est active quand le virus est présent dans les plaies (de la peau ou des muqueuses). Ce virus peut avoir accès à l'organisme de quelqu'un d'autre par l'intermédiaire des muqueuses ou d'écorchures de la peau. Par conséquent, si vous avez des rapports sexuels avec un partenaire affecté d'herpès génital, la transmission s'effectuera probablement par l'intermédiaire de vos propres organes génitaux. De la même façon, si vous embrassez quelqu'un affecté d'herpès labial, vous risquez de développer une infection sur le visage ou dans la bouche.

Si j'ai déjà eu des boutons de fièvre, est-ce que je risque d'être affecté d'herpès génital ?

Les poussées d'herpès que vous subirez affecteront le site initial de l'infection. Pour que, à partir de plaies faciales, vous infectiez la région génitale, il faudrait que vous y transportiez, physiquement, le virus. En d'autres termes, le virus ne circulera pas dans votre organisme pour apparaître subitement sur les parties génitales.

Le fait que j'aie des boutons de fièvre me met-il à l'abri des autres sortes d'infections herpétiques ?

Bien qu'il soit prouvé que des antécédents herpétiques puissent parfois protéger de la contamination par d'autres types d'herpesvirus, il est clair que vous pouvez subir plus qu'une seule infection, et ce en divers endroits du corps. Vous pouvez souffrir de l'herpesvirus 1 sur les lèvres, de l'herpesvirus 2 sur les parties génitales, et même d'une autre infection (de type 1 ou 2) en un autre endroit. Bien que cela soit peu fréquent, c'est malgré tout possible. En outre, le fait que vous ayez été contaminé par quelqu'un ne vous immunise pas contre la contamination par d'autres personnes.

Puis-je contracter l'herpès par l'intermédiaire de caresses bucco-génitales ?

Bien sûr. À partir d'une infection active sur la lèvre de votre partenaire, le virus peut être transmis à vos organes génitaux, au cours d'une caresse bucco-génitale. Inversement, si vous pratiquez la fellation ou le cunnilingus avec une personne affectée d'herpès génital actif, vous pouvez développer une infection au visage ou dans la bouche. N'oubliez pas que l'herpès est transmis par contact physique direct. C'est la partie de votre corps qui entre en contact avec n'importe quelle infection herpétique qui sera infectée.

Puis-je contracter l'herpès autrement que par les pratiques sexuelles ?

Puisque la transmission s'effectue au moyen du contact physique direct, vous pouvez contracter l'herpès en touchant les plaies actives de quelqu'un d'autre. C'est pourquoi certaines personnes contractent l'herpès sur le doigt et d'autres sur diverses parties du corps. C'est ce qui arrive notamment à ceux qui pratiquent des sports comme la lutte où le contact physique avec l'adversaire est fréquent. Mais les baisers et les rapports sexuels sont, de loin, les moyens de contamination les plus répandus. Vous ne pouvez pas contracter l'herpès en restant simplement à proximité de quelqu'un affecté d'une éruption active ; il vous faut pour cela toucher directement les plaies.

Puis-je contracter l'herpès par l'intermédiaire d'un siège de toilette ou d'un verre à dents ?

Cela est presque impossible. L'herpesvirus meurt dès qu'il quitte les tissus. Toutefois, c'est une excellente précaution que de ne pas faire un usage commun des serviettes, brosses à dents, couverts et verres quand un membre de la famille a des plaies actives : vous réduirez ainsi à zéro les chances de contamination par ces objets. En outre, ce genre de précaution atténue l'anxiété relative à la transmission.

Certaines personnes sont-elles immunisées contre les infections herpétiques ?

Il semble que quelques individus puissent résister plus efficacement que d'autres à l'inoculation du virus. De toute façon, les infections sont plus ou moins graves selon les personnes.

Quels facteurs jouent un rôle dans la transmission de l'herpès, d'une personne à une autre ?

Les facteurs importants sont les suivants :
- la quantité de virus à laquelle un individu a été exposé ;
- la constitution de cette personne — ses caractéristiques physiques et leur faculté de réagir à une invasion virale ;
- leur résistance au moment de la contamination (les personnes affaiblies succombent plus facilement que

celles en bonne santé, dont les ressources sont maxi-
males ; il en est également ainsi pour les rhumes).

Comment puis-je me mettre à l'abri de la contamination ?

- Utilisez un préservatif avec tout nouveau partenaire
  sexuel, si vous pensez qu'il y a risque d'exposition à
  n'importe quelle infection transmissible sexuellement.
  Toutefois, le préservatif ne protège que les parties
  qu'il recouvre : il y a donc risque de transmission, si
  certaines plaies aux parties génitales sont situées hors
  de cette protection.
- Tâchez de bien connaître votre partenaire. Risque-t-il
  (ou elle) de vous nuire et de vous « blesser », délibérément ou par insouciance ?
- N'hésitez pas à regarder. Si votre partenaire est affligé
  d'un bouton de fièvre, ne l'embrassez pas et interdi-
  sez-lui les caresses bucco-génitales. Prenez le temps
  d'explorer le corps de votre partenaire et d'en tirer
  plaisir, avant de vous livrer à l'acte sexuel lui-même.
  Le virus ne peut pas pénétrer dans la peau indemne :
  il lui faut une écorchure ou une muqueuse, pour
  envahir l'organisme. Si vous remarquez quoi que ce
  soit d'anormal, n'hésitez pas à questionner votre
  partenaire !
- Questionnez-le de toute façon.

Si j'ai une poussée d'herpès génital, un préservatif protégera-t-il mon (ou ma) partenaire ?

L'utilisation d'un préservatif, si vous êtes affligé de
plaies actives, est à déconseiller. Il y a plus de chances en
effet que l'état des plaies soit aggravé, que l'infection se
propage et que la guérison soit retardée. Il est préférable
de s'abstenir jusqu'à ce que les plaies disparaissent.

Qu'arrive-t-il, une fois que j'ai contracté l'herpès ?

Il faut ici faire une distinction entre une primo-
infection et les poussées récurrentes (ou récidivantes).
Dans une primo-infection (première exposition au virus),

les symptômes peuvent être insignifiants ou très graves, cela dépend de nombreux facteurs — dont la quantité de virus, votre état de santé à ce moment et votre constitution.

En général, les symptômes apparaissent de deux à vingt jours après le contact. Une éruption se développe sur le site du contact. S'il s'agit de la région génitale, vous verrez apparaître des aréoles rouges et des vésicules blanchâtres sur les parties génitales, ou autour d'elles. Vous pourrez éventuellement éprouver ou subir : une certaine sensibilité à l'aine, laquelle peut enfler ; une sensation douloureuse ou de brûlure pendant la miction ; des pertes vaginales ; de la fièvre et un inconfort général.

Dans la plupart des cas, cette première manifestation de la maladie durera de deux à trois semaines. Puis les plaies guériront, la peau se régénérera et vous ne serez affecté d'aucune cicatrice ou autre séquelle.

Puis-je contracter l'herpès par voie interne ?

Oui. Vous pouvez contracter l'herpès dans la bouche, la gorge, le vagin, le col de l'utérus et l'anus. Toutes ces parties du corps possèdent des muqueuses qui facilitent la pénétration du virus dans l'organisme. Si cela se produit, les divers autres symptômes généraux ont également des chances de survenir.

Qu'entend-on par récurrences ?

Ce terme s'applique aux périodes pendant lesquelles l'éruption herpétique réapparaît, on ne sait d'où semble-t-il, sur le site de la primo-infection. Cela n'arrive d'ailleurs pas à tout le monde. Nombre de gens ne subissent qu'une seule poussée d'herpès, sans accès ultérieurs. Pour d'autres, l'éruption réapparaît périodiquement, de trois à cinq fois par an (moins cependant, pour beaucoup de personnes). Globalement, les récurrences sont beaucoup moins graves que les primo-infections et durent généralement de quatre à dix jours.

Pourquoi l'herpès est-il récurrent ?

C'est parce que l'herpesvirus peut, dans votre organisme, entrer dans une phase de latence (ou « dormante »). Ce qui signifie que le virus est à la fois caché, à l'abri, et comme endormi, inactif. Le virus qui cause les verrues a aussi cette possibilité. Après la disparition d'une verrue et la régénération de la peau, le virus continue « d'habiter » votre organisme.

Comment le virus entre-t-il dans sa phase latente ?

L'herpesvirus est un virus très « habile » : il échappe aux défenses naturelles de l'organisme en se réfugiant dans les plus proches cellules nerveuses, où le système immunitaire ne peut pas le détruire. Quand les défenses de l'organisme commencent à exterminer les cellules envahies par le virus et que la régénération des tissus restaure les plaies, quelques virus parviennent à s'échapper, fuient la surface de la peau et vont ensemble se réfugier dans les noyaux des cellules nerveuses pour y « dormir ». En surface, il n'y a plus ni éruption ni virus et, à tous égards, rien d'autre ne permet de soupçonner la présence du virus. Pendant cette phase de latence, la transmission du virus est impossible.

Comment se produisent les récurrences ?

Dans certaines circonstances particulières, le virus entreprend une migration inverse en direction de la surface de la peau ; là, il infecte les cellules, causant ainsi une nouvelle éruption.

Quels facteurs importants peuvent déclencher les récurrences (poussées récidivantes) ?

Il y a quatre facteurs principaux :
- un agent physique (la lumière solaire, par exemple), qui peut faciliter l'apparition de plaies faciales ;
- les écorchures de la peau ou des muqueuses, qui favorisent l'apparition de tous les types de plaies ;
- les changements physiologiques soudains, qui perturbent l'équilibre de l'organisme (tous les types de plaies) ;
- le stress émotionnel (tous les types de plaies).

On ignore encore de quelle manière particulière, et pourquoi, le virus décide de sortir de sa phase latente ; on ne sait pas davantage de quelle façon les traumas physiques ou émotionnels peuvent favoriser le déclenchement des réactivations. On sait seulement que les quatre facteurs ci-dessus sont ceux qui contribuent le plus souvent aux réactivations. Lorsqu'une poussée récidivante a commencé à se manifester, ces quatre facteurs principaux ont également tendance à retarder le processus de guérison.

Pourquoi certaines personnes subissent-elles des récurrences plus souvent que d'autres et pour des périodes plus longues ?

De nombreux facteurs individuels entrent en ligne de compte. Parmi ceux-ci, citons la constitution physique, le mode de vie et la manière d'affronter le monde en général. Dans les cas plus graves, quand les poussées récidivantes sont chroniques, d'autres facteurs interviennent, comme les carences nutritives, les déficiences immunologiques ou les médiocres réactions au stress chronique ; il faut alors consulter un spécialiste.

Existe-t-il d'autres complications d'ordre médical associées à l'herpès ?

Oui. Avant de les décrire sommairement, nous aimerions toutefois insister sur le fait que vous pouvez aisément les affronter, avec un minimum de soins. Voici donc les faits, faites-en bon usage et votre inquiétude disparaîtra en grande partie.

La kérato-conjonctivite (herpès ophtalmique). Vous pouvez contracter des infections aux yeux directement (de la même manière que les autres infections herpétiques) ou par autotransfert du virus (en le recueillant par exemple sur un doigt, avec lequel vous vous frottez l'œil par la suite). Il est très rare que cela se produise à partir de récurrences et on n'a jamais entendu parler de contamination de l'œil par l'herpès génital (probablement à cause du site des plaies). Cela se produit par contre plus souvent, à partir d'une première poussée d'herpès labial.

Le cancer. Les données statistiques ont permis d'établir un lien entre l'herpesvirus et le cancer du col de l'utérus : le risque de ce type de cancer est de cinq à huit fois plus élevé, chez une femme affectée de l'herpès génital. Toutefois, toujours selon les données statistiques, le risque est encore plus grand lorsqu'il relève de certains autres facteurs, comme les rapports sexuels précoces, les trop nombreux partenaires sexuels ou les partenaires incirconcis. Le test *Pap,* effectué tous les six mois, permet de détecter un éventuel cancer du col de l'utérus. Si le test révèle des anomalies précancéreuses, le traitement est relativement simple et très efficace.

En de rares occasions, l'herpesvirus peut provoquer une méningo-encéphalite chez l'adulte (celle-ci se produit selon un processus appelé « propagation neurogène »). Cette maladie est uniquement reliée au virus de l'herpès labial (type 1). L'herpès n'entraîne ni stérilité, ni inflammations pelviennes, ni troubles du système nerveux.

Même si certaines personnes éprouvent à divers degrés quelque inconfort pendant les récurrences, elles ne sont affligées d'aucune séquelle physique ou autre problème permanent.

Quelles sont les incidences éventuelles de l'herpès sur la grossesse ?

Un seul problème est à considérer ici : la femme enceinte a-t-elle des lésions herpétiques sur les organes génitaux au moment de l'accouchement ? Si tel est le cas, le bébé risque fort de « capter » le virus au moment de son passage dans la filière pelvi-génitale. Il peut alors — mais ces cas-là sont rares — développer une méningo-encéphalite. Les nouveau-nés sont quasi démunis devant l'infection, c'est pourquoi le virus peut se propager rapidement et infecter les tissus cérébraux. Votre gynécologue-obstétricien peut surveiller ce point particulier tout au cours de votre grossesse. Si le virus est absent au moment de l'accouchement, celui-ci pourra se dérouler normalement.

Si le virus est présent, on recommande une césarienne — opération qui met le bébé à l'abri du virus. Le virus ne remonte pas dans la filière pelvi-génitale pour traverser le placenta. Il est bien évident qu'une bonne relation entre vous et votre gynécologue-obstétricien limite les risques encourus par votre bébé, dans la mesure où l'herpès est en jeu. Après la naissance de votre bébé, restez vigilante en ce qui concerne les risques de transmission du virus. Ne laissez pas le bébé toucher les plaies herpétiques. À part cela, occupez-vous normalement de votre bébé.

L'herpès rend-il impuissant ou diminue-t-il l'appétit sexuel ?

Pas directement. Mais cela peut se produire par l'intermédiaire des réactions émotives naturelles, et ce d'une façon non négligeable. Ici, le grand problème est dû à la peur du rejet d'autrui, laquelle se manifeste de multiples manières.

Les victimes de l'herpès sont souvent la proie de craintes diverses : peur de ne pas être accepté, peur de ne pas être viril, séduisant, désirable, etc. La meilleure façon d'aborder l'herpès, c'est de le considérer froidement (comme n'importe quel problème auquel vous cherchez une solution). Vous devez donc tenter de trouver la solution la plus directe et la plus créative possible. N'oubliez pas qu'il s'agit là d'émotions et d'impressions — et non de réalités physiques — et que vous ne devez pas vous soucier de ce que les gens mal informés peuvent penser, ni de ce que les médias peuvent laisser croire.

Vous n'êtes pas l'herpès. Une simple éruption vient occasionnellement perturber votre vie. Quand vous contrôlerez bien le problème de la contagion, vos préoccupations émotives diminueront automatiquement. Les victimes de l'herpès peuvent faire l'amour, le font effectivement, nouent et rompent des relations comme n'importe qui d'autre. De grâce, jetez au loin toute notion d'infamie éventuellement reliée à l'herpès. C'est le meilleur moyen de briser le lien pernicieux qui unit l'herpesvirus à vos émotions.

Comment puis-je savoir que je suis contagieux ?

Dans la plupart des cas, de nombreux signes — les *signes avant-coureurs,* ou *prodromes* — annoncent l'imminence d'une poussée d'herpès. Apprenez à identifier ce qui se produit dans votre organisme, pendant cette période qui précède la manifestation de la poussée elle-même. Quand il y a risque de propagation, appliquez la règle d'or suivante : faites en sorte qu'aucune partie du corps d'autrui n'entre en contact avec la zone infectée. À part cela, vous pouvez faire tout ce que vous voulez. En cas de plaies sur les parties génitales, la mesure préventive la plus efficace reste encore l'abstinence sexuelle. À ce stade, l'utilisation d'un préservatif ralentirait plus probablement le processus de guérison — en effet le préservatif irrite en général les plaies ; en outre, il ne protège que les zones qu'il recouvre. Il existe plusieurs autres manières, en dehors de la pénétration, de partager sexuellement l'intimité d'un autre être. Dès qu'il y a éruption, comportez-vous de toute manière comme si vous étiez contagieux.

Plusieurs autres signes, variables selon les individus, se manifestent. Parmi ceux-ci, citons :
- des démangeaisons ;
- des douleurs à l'aine ou dans les muscles avoisinants ;
- une sensibilité et une impression de douleur dans la région de l'aine ;
- une douleur névralgique dans le bassin ou les jambes, semblable à celle provoquée par la stimulation d'un nerf.

Dès que vous pouvez identifier vos propres signes avant-coureurs, vous êtes en mesure de contrôler ce qui va se passer par la suite dans votre organisme. Vous pouvez alors utiliser ces signes pour atteindre deux objectifs : premièrement, savoir exactement quand vous devez prendre des précautions et, deuxièmement, prendre conscience que votre organisme subit un stress que vous devez être en mesure de contrôler (voir plus loin la question concernant le stress).

Comment puis-je éviter les complications physiques éventuelles ?

Vous devez simplement prendre certaines mesures préventives faciles à appliquer :

- après avoir nettoyé et desséché les plaies, lavez-vous les mains et évitez de toucher les lésions ;
- adoptez de bonnes habitudes d'hygiène ;
- les femmes devraient avoir avec leur gynécologue ou leur obstétricien une relation basée sur la confiance mutuelle ; elles devraient en outre faire effectuer le test *Pap* tous les six mois.

Une fois que vous contrôlez efficacement les facteurs physiques, n'oubliez pas un autre phénomène important : le fait que vous soyez affecté d'herpès a un effet considérable sur vos relations avec le monde, principalement sur le plan émotif. Sachez identifier de quelle manière l'herpès affecte vos émotions.

De quelles manières l'herpès peut-il affecter les gens sur le plan émotif ?

Si vous aviez à surmonter le seul aspect physique de l'herpès génital, vos préoccupations seraient relativement limitées ; en effet, l'herpès génital ne menace pas votre existence.

La plupart des symptômes associés aux récurrences ne vous affaiblissent pas sérieusement — sauf dans certains cas particuliers. Cependant, l'anxiété concernant la contagion peut, au départ, vous priver d'une certaine liberté dans le domaine des relations interpersonnelles — que ce soit pour nouer ou pour entretenir une relation. Il est d'une importance capitale que vous admettiez que cela puisse vous arriver. Parce qu'elles pressentent qu'un blocage imprévisible risque de leur interdire de profiter de l'intimité avec un partenaire, certaines personnes s'effraient exagérément. En fait, très peu de gens sont à l'abri de ces préoccupations d'ordre émotif, concernant les relations interpersonnelles : quelques-unes au moins les perturbent un tant soit peu. Mais malheureusement, ces préoccupations peuvent « faire boule de neige » et causer plus de dommages que le virus lui-même. Il est important de reconnaître ces phénomènes et de pouvoir déterminer à quel moment ils se produisent. L'herpès est contagieux pendant de courtes périodes, relativement éloignées les unes des autres. Si, après que l'organisme ait eu le temps de s'adapter, les symptômes sont plus graves qu'ils ne l'étaient au début, c'est qu'une autre sorte d'anomalie entre en jeu — il faut alors recourir aux services d'un spécialiste. La période d'adaptation peut s'avérer très difficile à vivre pour ceux qui manquent d'information, plus particulièrement pour ceux qui ne peuvent parler de leurs préoccupations à personne.

Vous devez en fait faire face et vous ajuster à la fois à un processus d'adaptation physique étendu dans le temps et à une réorganisation de votre mode de vie dans le but de prévenir la propagation et les éventuelles complications.

Puis-je être « porteur » de l'herpès sans le savoir ?

Puisque la grande majorité des habitants des États-Unis ont développé des anticorps, soit contre l'herpesvirus de type 1, soit contre celui de type 2, on peut affirmer qu'un grand nombre de gens sont porteurs du virus en phase de latence. Toutefois, on ne peut pas transmettre à quelqu'un d'autre le virus « dormant ».

L'herpès peut provoquer des infections anodines, qui peuvent évoluer à l'insu de celui qui en est affecté. Pour ce genre d'infections, des récurrences identifiables peuvent se produire (ou ne pas se produire).

Les données révèlent que, chez une faible minorité de femmes, la prolifération virale s'effectue sans symptôme (prolifération asymptomatique ou silencieuse) ; en effet, les résultats des cultures virales indiquent que ces femmes hébergent de petites quantités de virus, bien qu'elles n'aient ni affiché ni signalé aucune éruption. On a également trouvé le virus dans la salive d'hommes et de femmes qui ignoraient être infectés.

Il est impossible de savoir si la quantité de virus, dans ces cas-là, était suffisante (ou non) pour provoquer une infection chez quelqu'un d'autre ; en outre, il n'existe aucun cas répertorié d'infection déclenchée par ce type de prolifération virale. Si toutefois cela se produisait, les cas seraient très rares. On doit indubitablement la transmission de l'herpès principalement aux gens mal informés et par conséquent ignorants des symptômes qui, cependant, existent chez eux. Ils sont affectés de l'herpès, mais celui-ci n'a jamais été diagnostiqué.

Les partenaires bien informés s'infectent rarement l'un l'autre. Or, cela ne pourrait pas être si la prolifération asymptomatique du virus jouait un rôle significatif dans la transmission. Une coopération mutuelle rend négligeables les risques de transmission au partenaire.

Malheureusement, pour certaines personnes, cet aspect du problème peut prendre des proportions exagérées, sur le plan émotif ; ces gens se pensent alors contagieux en permanence. Il est important de reconnaître que ce ne sont là que des impressions et non des réalités physiques. Ne laissez donc pas ces impressions nuire à vos rapprochements avec autrui, ni à votre vie intime.

Pourquoi n'existe-t-il aucun traitement curatif de l'herpès ?

C'est qu'une énorme difficulté technique tient les chercheurs en échec : il s'agit de trouver une substance capable de pourchasser le virus jusque dans son repaire, la cellule nerveuse. Il est relativement facile de tuer le virus quand il fait surface et de nombreux composés y parviennent, mais c'est une toute autre affaire que de l'extirper pendant sa phase de latence. Ainsi, de nombreux traitements permettent de tuer le virus à la surface de la peau, alors qu'aucun ne peut assurer la prévention des récurrences, puisque la cause en est inattaquable.

Que doit-on penser de tous ces traitements dont les journaux et les magazines nous vantent les mérites ?

Ce sont d'excellents moyens de soutirer de l'argent aux victimes de l'herpès, mais pas de les guérir. Nombre d'entre eux peuvent nuire à votre état de santé général et, malgré les prétentions de leurs promoteurs, aucun n'est en fin de compte efficace. L'herpès est une maladie omniprésente qui, en certaines circonstances, entretient les phénomènes de suggestion, et particulièrement l'espoir. Le *Zovirax* (acyclovir) est un nouvel agent antiviral approuvé récemment (mars 1982) par la F.D.A. *(Food and Drug Administration)*. Pendant une poussée d'herpès, ce médicament réduit la prolifération du virus ; il peut également écourter la poussée d'une journée, au maximum. Mais il n'a aucun effet sur le virus en phase latente et, par conséquent, il est impuissant à empêcher les récurrences. Si vous êtes prédisposé au succès, n'importe quel nouveau traitement — ou presque — s'opposera sans doute à une ou deux poussées, ou les fera avorter. Mais la réalisation du long processus d'adaptation a bien des chances d'être retardée, soit à cause du nouveau traitement lui-même, soit à cause des changements physiologiques que le bombardement de nombreuses substances puissantes différentes provoque dans votre organisme. Les déceptions qui s'ensuivent viennent couronner le tout et, finalement, vous n'aurez amélioré ni votre condition herpétique, ni votre état d'esprit, ni votre adaptation.

Comment puis-je contrôler moi-même l'herpès ?

Cette question, se rapportant en fait à deux aspects du problème, exige deux réponses. D'abord, si vous êtes bien informé sur le phénomène de la contagion, si vous en reconnaissez les signes, vous pouvez facilement faire des prévisions, ou traiter efficacement le problème. C'est ce qu'on appelle l'adaptation. Ensuite, vous pouvez faire beaucoup pour prévenir les récurrences. Lorsqu'une poussée risque de se produire, le fait d'éviter tout trauma physique s'avère très efficace. Deux moyens vous permettent de réduire considérablement la probabilité de manifestation des récurrences : la diminution du nombre des facteurs physiques nuisibles à votre organisme et la diminution du stress (par l'application de stratégies qui vous permettent de faire face plus efficacement aux situations que vous devez affronter).

De quelle manière le stress affecte-t-il les poussées d'herpès ?

L'herpès peut devenir parfois le « talon d'Achille » de votre organisme : n'importe quel défi que votre corps a de la difficulté à relever peut être canalisé vers l'activation de l'herpesvirus. Il peut alors s'établir entre le stress et l'herpès une relation plutôt déplorable : tout type de situation stressante affectant un des domaines de votre existence (travail, école, vie sociale, vie familiale, relations interpersonnelles, etc.) peut alimenter et entretenir les symptômes de l'herpès. Vous pouvez fort bien dissimuler vos angoisses, cela ne les empêche pas de se manifester d'une quelconque manière et de produire leurs effets négatifs. Le fait d'éliminer ces facteurs de stress — ou de rompre le lien qui les unit aux symptômes de l'herpès — a un effet considérable sur les récurrences.

Que puis-je faire pour rompre ce lien entre le stress et l'herpès ?

Tout d'abord, tentez d'identifier, dans votre existence, quels événements, situations, comportements et pensées semblent reliés à l'activité imminente de l'herpesvirus. Vous trouverez au chapitre 9 un questionnaire destiné à vous faciliter ce recensement. Après quoi, il vous sera plus facile de « faire quelque chose » à propos de ces facteurs de déclenchement. Votre but, c'est d'accroître votre contrôle des effets que les situations stressantes ont sur votre existence. Vous ne pouvez pas éliminer les défis qui vous assaillent, c'est certain ; vous pouvez toutefois agir sur la manière dont ils vous affectent. N'oubliez pas non plus de rechercher les moyens de passer le temps agréablement « en votre propre compagnie », chaque jour : relaxez-vous, faites des choses qui vous plaisent ou qui vous revalorisent à vos propres yeux. Si vous n'avez pas le temps de faire cela, c'est que, sans aucun doute, vous êtes stressé.

Les principaux faits à retenir, en ce qui concerne l'herpès

- Une information adéquate et une bonne compréhension des faits constituent la clé de voûte du contrôle de l'herpès et de sa propagation.
- Avec un minimum de soins et une bonne hygiène, on peut très facilement contrôler le phénomène de contagion et les facteurs responsables des complications physiques éventuelles.
- Pour ramener l'herpès dans une juste perspective et éviter qu'il ne perturbe la vie et l'amour, un seul moyen permet de progresser à grands pas : l'identification des voies que l'herpès peut emprunter pour nuire à la manifestation des émotions sexuelles et pour alimenter les craintes irraisonnées.

Et, pour finir, le plus important :

- Les personnes affectées de l'herpès vivent des relations satisfaisantes, tant sur le plan émotif que sur le plan sexuel ; de ces relations naissent la joie, la passion et des bébés en parfaite santé...

Avons-nous réussi à vous faire bénéficier de notre expérience des problèmes posés par l'herpès ? Si tel est le cas, vous êtes alors, soit bien préparé à éviter les pièges de l'herpès (si jamais vous le contractez), soit en bonne voie vers une adaptation rapide et un contrôle efficace (au cas où vous auriez déjà fait connaissance avec l'herpès).

Ressources supplémentaires

Vous pourrez toujours trouver dans les livres et cassettes, dont la liste figure ci-dessus, l'aide complémentaire dont vous pourriez avoir besoin pour faire face aux problèmes généraux que pose l'herpès. Il vous suffit d'écrire à l'éditeur ou au distributeur pour obtenir plus de précisions sur chacun d'eux, ce qui vous permettra de choisir ceux qui pourraient vous être utiles.

Livres

BENSON, H. : *The Relaxation Response,* William Morrow & Co. Inc., New York, 1975.

JACOBSEN, L. : *You Must Relax,* McGraw-Hill Inc., New York, 1962.

LAZARUS, R.S. : *Psychological Stress and the Coping Process,* McGraw Hill Inc., New York, 1966.

OLSHAN, N.H. : *Power Over Pain Without Drugs,* Rawson, Wade Inc., New York, 1981.

PELLETIER, K.H. : *Mind as Healer, Mind as Slayer,* Delta Books, New York, 1977.

SIMONTON, O.C., S. MATTHEWS-SIMONTON et J. GREIGHTON : *Getting Weel Again,* J.P. Tarcher Inc., Los Angeles, 1978.

Cassettes

« *Conscious Living Foundation* », P. O. Box 513, Manhattan, Kansas, 66502 :

— *Progressive Relaxation : Gross Muscles/Fine Muscles,* cassette numéro 101.

— *Self-directed Relaxation/Spacial Relaxation*, cassette numéro 102.
— *Guides Imagery Relaxation/Breathing Relaxation*, cassette numéro 103.

‹ *BMA Audio Cassettes* », 200 Park Avenue So., New York, New York 10003 :
— *Meditation and Behavioral Self-Management*, numéro de catalogue T- 128 B.
— *Rational Emotive Self-Help Techniques*, numéro de catalogue T- 36 B.
— *Self-Modification of Anxiety : Client Instructions*, numéro de catalogue T- 44 B.

Le Herpes Resource Center

De loin, le *Herpes Resource Center* est l'organisme qui fournit la meilleure information concernant tous les problèmes reliés à l'herpès. Le H.R.C. applique un programme d'intérêt public mis sur pied par l'*American Social Health Association* (Adresse : *Herpes Resource Center*, P.O. Box 100, Palo Alto, California, 94302).

Le H.R.C. publie *The Helper*, revue trimestrielle consacrée à l'herpès, qui présente l'information récente concernant la recherche et les politiques d'action envisagées. Entre autres services utiles, une tribune libre permet également aux gens affectés de l'herpès d'exprimer leurs préoccupations.

Le Centre parraine la recherche, organise des conférences et des ateliers, et encourage toute initiative qui fait progresser vers la découverte du traitement radical de l'herpès.

Sur un plan plus individuel, le H.R.C. coordonne, à l'échelle nationale, un programme d'aide aux victimes de l'herpès, programme qui, actuellement, s'appuie sur une cinquantaine de sections locales autonomes ; là, les gens peuvent échanger à propos de leurs préoccupations communes et s'aider mutuellement à surmonter toute difficulté rencontrée dans l'affrontement avec l'herpès. Pour plus de renseignements, consultez les « *Pages jaunes* » de l'annuaire téléphonique et contactez votre section locale.

Globalement, le H.R.C. a mis au point une stratégie bien coordonnée pour lutter contre les problèmes que pose l'herpès. Vous pouvez facilement devenir membre, il vous suffit d'écrire à l'adresse ci-dessus. Vous recevrez *The Helper* et serez alors un des maillons de cette chaîne d'entraide, instaurée spécialement pour répondre aux questions relatives à l'herpès et dont le but est de regrouper les actions locales et nationales, pour en finir avec cette calamité.

Achevé d'imprimer
en février mil neuf cent quatre-vingt-trois
sur les presses de l'Imprimerie Gagné Ltée
Louiseville - Montréal.
Imprimé au Canada